Damaskus

Damaskus

Verborgene Schätze im Orient

Brigid Keenan

Fotografien von Tim Beddow

Belser Verlag
Stuttgart

Für Alan, der mich hierher brachte.
Für Rabi', der mich mit Damaskus vertraut machte.
Für Na'im, der mich zu einem Teil der Stadt werden ließ
und für all diejenigen, die die Altstadt von Damaskus lieben.

Frontispiz: Bemalte und vergoldete Schranktüren im oberen Empfangsraum von Bait Tibi.

First published in the United Kingdom in 2000 by Thames & Hudson Ltd,
181a High Holborn, London WC1V 7QX

Die Deutsche Bibliothek – CIP-Einheitsaufnahme
Ein Titelsatz für diese Publikation
ist bei der Deutschen Bibliothek erhältlich.

ISBN 3-7630-2384-4

Buchgestaltung: Adam Hay Design
Übersetzung: Rainer Zerbst
Redaktion: Valerie Popp, Daniela Tivig
Satz: Hahn Medien GmbH, Kornwestheim
Gesamtgestaltung: CS Graphics, Singapore

Printed in Singapore

Inhalt

Vorwort

Wafic Rida Saïd

Gegenüberliegende Seite: Einem Märchen zu entstammen scheint dieser osmanische Rokokoempfangsraum im Bait Mudschallid (vor der Restaurierung).

Ich wuchs in einem alten Haus in Damaskus auf, in einem jener typischen arabischen Hofhäuser, wie sie in diesem Buch abgebildet sind. Rückblickend erkenne ich, wie geschickt der Architekt es entworfen hatte, damit es den klimatischen Extremen von Damaskus gerecht wurde. Im Sommer wohnten wir im Erdgeschoss, in kühlen, schattigen Räumen, die zum Innenhofgarten hin lagen, sodass der Duft von Jasmin und Kräutern durch das Haus zog, wo er sich mit dem Geruch von Kaffee und Kardamom vermischte. Die beruhigenden Geräusche eines Wasserrads und einiger Springbrunnen ließen die Stille dieses privaten Ortes noch intensiver wirken, der eine willkommene Zuflucht vor der sengenden Sommerhitze bot. Im Winter zogen wir in den ersten Stock, wo die Zimmer genauso angelegt waren wie im Erdgeschoss, aber durch reich verzierte Holztäfelungen und herrlich gearbeitete Teppiche gegen die Kälte abgeschirmt waren. Die Anlage des Hauses wurde auch den Anforderungen des öffentlichen und privaten Lebens einer Familie gerecht. Anders als bei der heute im Westen üblichen offen strukturierten minimalistischen Wohnarchitektur mussten Besucher, sofern sie nicht enge Freunde waren, nicht durch das ganze Haus gehen. Die Empfangsräume (Al Majlis) besaßen einen separaten Eingang, sodass die Privatsphäre der Familie zum größten Teil erhalten blieb und man doch zugleich die in Syrien übliche Gastfreundschaft pflegen konnte.

Dieses Haus, in dem ich meine Kindheit verbrachte, und das Innen und Außen, Abgeschirmtheit und Öffentlichkeit, Wärme und Gemütlichkeit mit Kühle verband, weckte in mir eine seither ungebrochene Begeisterung für die Architektur.

Leider wissen viele Menschen die Vorzüge ihrer Wohnräume erst dann richtig zu schätzen, wenn sie ihr Haus oder ihre Wohnung nicht mehr besitzen. Das ist auf der ganzen Welt so, und zahlreiche architektonische Juwelen wurden niedergerissen, ehe die Menschen ihren Wert und ihre Schönheit erkannten. So wie in vielen Ländern Europas im Laufe der letzten Jahrzehnte Landhäuser verloren gingen, weil man sie vernachlässigte oder weil sich der Geschmack gewandelt hatte, haben auch viele alte Häuser in Damaskus die Zeit nicht überlebt. Das von meiner Familie bewohnte Haus wurde bedauerlicherweise abgerissen, als ein späterer Besitzer die Genehmigung erhielt, das Grundstück auszubauen. Dieses Schicksal teilte es mit vielen anderen alten Hofhäusern in der ganzen arabischen Welt. Es entsprach nicht mehr den gewünschten Annehmlichkeiten, Erwartungen und sozialen Strukturen des 20. Jahrhunderts, von denen des 21. Jahrhunderts ganz zu schweigen. Daher sind all jene Altstädte mit solchen Häusern, denen sie ihre Schönheit verdanken, gefährdet, sofern sich nicht neue Nutzungsmöglichkeiten für das Hofhaus finden.

Brigid Keenan plädiert auf den folgenden Seiten überzeugend für den Erhalt einer dieser grandiosen Städte, die mir am nächsten steht: Damaskus. Wie sie anschaulich darlegt, ist Damaskus eine faszinierende Stadt – und zwar sowohl für die, die darin wohnen, als auch für die Reisenden, die sich hier nur vorübergehend aufhalten. Damaskus, das ist die Stadt der Suks und historischen Handelsrouten, des Brokats und der unterschiedlichsten Handwerke, der Berge und der Wüste, der Oase und des Flusses Barada, der Stadttore und der Omaijaden-Moschee, der Gewürze und Gerüche, von denen die Luft erfüllt ist. Vor allem aber ist die historische Altstadt von Damaskus eine Stadt der Familienhäuser. Sie sind ihr eigentlicher verborgener Schatz. Tim Beddows vorzügliche Fotos zeigen uns das arabische Hofhaus als das, was es wirklich ist: ein Meisterwerk der Wohnarchitektur.

Dieser Häusertyp von Damaskus, der ältesten durchgehend besiedelten Hauptstadt der Welt, verdient es nicht, vergessen zu werden und im Schatten der Neubauten ein unscheinbares Dasein zu fristen. Ich appelliere an die Behörden, endlich unser architektonisches Erbe zu erfassen, zu erhalten und seine mutwillige Zerstörung zu verhindern. Gleichzeitig hoffe ich, dass es mit dem vorliegenden Buch gelingen wird, diese Häuser und ihre wechselvolle Geschichte einem breiteren Publikum nahe zu bringen und auf diese Weise das Interesse dafür zu wecken, wie man diesen einzigartigen Häusern ein Überleben und sogar eine weitere Blütezeit in der Zukunft ermöglichen kann.

Einleitung

Unten: Einer der zahlreichen Läden, in denen Heilkräuter und Blumen für Arzneien und Tees verkauft werden.

Gegenüberliegende Seite: Das herrliche Esszimmer aus dem 19. Jahrhundert im Bait Mudschallid (vor der Restaurierung).

Mein Mann wurde 1993 als Diplomat nach Syrien entsandt, und ich begleitete ihn. Wie die Gattin des berühmten britischen Konsuls Richard Burton rund einhundertzwanzig Jahre vor mir, so stellte auch ich bald fest, dass ich mich in Damaskus verliebt hatte. Noch lange, nachdem Mrs. Burton Syrien verlassen hatte, wurde sie häufig gefragt, ob sie Damaskus gemocht habe, worauf sie immer antwortete: „*Gemocht!* Schon allein bei dieser Frage kommen mir die Tränen und mein Herz fängt an heftiger zu schlagen …" Einen Nachmittag, an dem sie auf dem Berg Qasyun ein Picknick gemacht hatte, kurz bevor sie und ihr Mann das Land verlassen mussten, bezeichnete sie als ihren „letzten glücklichen Tag".

Ich entsinne mich noch genau des Augenblicks, als meine Leidenschaft zu Damaskus entflammte – es war, als ich zum ersten Mal eines der Hofhäuser in der Altstadt betrat. Es handelte sich um das Bait Mudschallid; ich war völlig unvorbereitet auf das, was ich zu sehen bekommen sollte, und zutiefst überwältigt von der Pracht des Gebäudes. Als ich erkannte, in welch schlechtem Zustand sich das Gebäude befand, wurde mir angst und ich kehrte eilends zu meinem Mann zurück; ich wollte ihn dazu überreden, unser Haus in England zu verkaufen und dafür einen Palast in Damaskus zu erwerben. Glücklicherweise fand sich ein anderer Retter für Bait Mudschallid und so beschloss ich, mich stattdessen auf die Niederschrift dieses Buches zu konzentrieren – in der Hoffnung, dass es andere Menschen von der Einzigartigkeit der Stadt Damaskus überzeugen kann und von der Notwendigkeit, sein bauliches Erbe zu erhalten.

Immer noch führt man in den schmalen Gassen und dicht bevölkerten Suks innerhalb der Mauern der Altstadt ein Leben wie in früheren Zeiten. Pferde mit perlenbesticktem Zaumzeug und Pfauenfedern bringen Heizöl, kleine Jungen mit ernstem Gesicht schlängeln sich mit Tabletts, auf denen sie ihren Auftraggebern Mahlzeiten bringen, behände durch die Menge, Männer schieben auf Karren Pflanzen – Damaszenerrosen, Weinreben – in alten Blechdosen vor sich her, um die Besitzer der Hofhäuser in Versuchung zu führen.

In der Altstadt kann man frisch gepressten Maulbeer- oder Granatapfelsaft trinken, büschelweise getrocknete Veilchen- oder Rosenblüten kaufen, aus denen man Tisane bereitet, Aleppopistazien naschen, wobei jeder Syrer versichern wird, dass sie ungleich besser schmecken als jene aus dem Iran, dampfend heißes Fladenbrot frisch aus einem tiefen, glutroten Ofen essen und in einem der Arzneiläden, deren Regale voller Kräuter, Pulver und Heiltränke – und Gläser mit getrockneten Krokodilbabies – sind, ein Heilmittel für den Magen finden. Im Winter findet man Trüffeln, die

offenbar seltsamerweise in der kahlen Wüste wachsen und von denen man sagt, sie seien das echte Manna vom Himmel.

Man kann Handwerkern zusehen, wie sie Holz schnitzen oder mit Perlmuttintarsien herrliche, schillernde Muster einfügen, man sieht, wie Männer mit extrem scharfen Messern rasiert werden, oder kann durch die Tür eines Hammam (Badehauses) eine Szene wie auf einem orientalischen Gemälde erhaschen, wo Männer, in Tücher eingehüllt, auf Diwanen lagern und Wasserpfeifen rauchen. Die Antiquitätenläden sind eine wahre Fundgrube, hier findet man praktisch alles – alte, mit Blumenmustern bemalte Teller aus Holland, die vor hundert Jahren auf den Schiffen in den Libanon gelangten, eine kunstvolle türkische Medaille, einen russischen Samowar, einen hinreißend schönen persischen Läufer, eine Glaslampe aus Böhmen. Die Waren, die im Suk zum Verkauf angeboten werden, gelangen immer noch aus aller Welt nach Damaskus. Eines Tages traf ich einen alten Mann, der per Bus und Bahn mit einem Proviantsack voller Lapislazuli aus Afghanistan nach Damaskus gekommen war, um sie hier zu verkaufen. Der merkwürdigste Import allerdings ist relativ neuen Datums und geht auf jene Syrer zurück, die nach Südamerika ausgewandert sind. Es handelt sich um die aus Argentinien eingeführte Matepflanze *(Ilex paraguarensis)*, eine Stechpalmenart, genauer um ihre jungen, zerkleinerten, getrockneten Blätter, aus denen man den bitter schmeckenden Matetee zubereitet. Er wird mithilfe eines seltsamen mit einem Siebeinsatz versehenen Strohhalms getrunken und soll eine wohl tuende Wirkung haben. Der Handel mit dem Matetee ist so erfolgreich, dass der jährliche Umsatz sich auf rund zehn Millionen Dollar beläuft.

Ich bin weder Historikerin noch Wissenschaftlerin; dieses Buch will daher nicht akademische Ansprüche erfüllen, sondern all jenen, die die Altstadt von Damaskus oder ihre Häuser nicht kennen, einen Blick auf die Wunder ermöglichen, die hinter den neutralen Mauern verborgen liegen, und kurz die Hintergründe dieses einmaligen architektonischen Szenariums erläutern.

Ehe ich die zahlreichen Personen würdige, die mir so großzügig mit ihrem Sachverstand und ihrer Zeit zur Verfügung standen, möchte ich vor allem Herrn Wafic Rida Saïd für seine Förderung und Unterstützung danken, denn ohne ihn wäre dieses Buch nicht zustande gekommen.

Besonders dankbar bin ich Ihrer Exzellenz Dr. Najah Attar, der Kultusministerin von Syrien, für die mir gewährte Unterstützung.

Sehr zu Dank verpflichtet bin ich Ross Burns, dem Autor der *Monuments of Syria* (ein Buch, das wir während unserer fünfeinhalb Jahre in Syrien selten aus der Hand legten), der freundlicherweise die Karten auf Seite 73–75 entwarf. Burns war in den 1980er-Jahren australischer Botschafter in Syrien und fing damals mit der Erarbeitung seines hervorragenden Ortsverzeichnisses von Syrien an, das er in Canberra zwischen seinen Auslandsmissionen vollendete. Viel verdanke ich auch Stefan Weber vom Deutschen Archäologischen Institut in Damaskus, der mich an seinen Forschungsarbeiten vor Ort teilhaben ließ und geduldig bei meinen eigenen Unternehmungen begleitete. Ich möchte auch Dr. Sultan Muhesen danken, dem Generaldirektor der Antikenverwaltung in Syrien, und seinen Mitarbeitern; Frau Sarab Atassi und Michel Niéto von Institut Français d'Études Arabes de Damas, die mir so viele Informationen zur Verfügung stellten. Sehr dankbar bin ich auch Dr. Peter Clark, OBE, vormals beim British Council in Damaskus tätig, für seine Hilfe und Ratschläge und seine Übersetzung von Nizar Kabbanis Gedicht „Brief an meine Mutter". Mein Dank gilt auch Professor Akili, Dekan der Architekturfakultät der Universität von Damaskus; Asad Muhenna, Direktor des Komitees zur Erhaltung der Altstadt; Naim Zabita, Architekt und Experte auf dem Gebiet der Restaurierung alter Häuser; Jeff Spurr von der Fine Arts Library der Harvard University, der mir viel Zeit und Geduld schenkte; Peder und Inge Mortensen vom Dänischen Institut in Damaskus; Fatie Darwish, die mich zum ersten Mal ins Bait Mujallid führte; Mary S. Lovell für die Bilder der Burtons und von Abd al-Qadir; Dr. Sabah Kabbani, Dr. Geoffrey King, Dr. Philip Mansel, Dr. Julian Raby, Dr. Nadia Khost, Marwan Musselmani, Dr. Umm al-Khair al-Azem, Ziyad al-Azem und Amira Amal al-Jazairi; Michael F. Price; Kate Crowe vom British Foreign Office; Sir James Craig und Sir Richard Beaumont; Jean Tareq, Prof. John Carswell, Prof. Thomas Philipp, Colin Thubron, Jason Goodwin und Edward Gibbs; Dr. Glenn Markoe vom Cincinnati Art Museum; E. Maxine Bruhns von der University of Pittsburgh; Joan Aruz vom Metropolitan Museum of Art, New York; Eileen Powell von Associated Press; dem verstorbenen Dr. Nassib Saliby; Bassam Ghraoui, Dr. Rana Kabbani, Karma Kabbani, Patrick Seale und Hassana Mardam Bey; Antoine Touma, Carol Ross, Sonia Cachechou, Rabi al-Darra, Alex Craster, Hans Nahas, Nazih Kawabiki, Marieke Bosman, Catherine Rose, Maya Mamarbachi und Khinlyn Fern vom Lawrence Information Service.

Weiterhin möchte ich mich bei den zahlreichen Hausbesitzern bedanken, die uns erlaubten, in ihre Privatsphäre einzudringen; es sind dies vor allem Nora Jumblatt, Sheikha Hussah al-Sabah, Ali Shirazi, Hikmat Shatta und die Familie Mardam Bey.

Schließlich möchte ich meinem Mann danken für seine Liebe und Unterstützung während des gesamten Projekts.

Gegenüberliegende Seite: In den schmalen Gassen der Altstadt scheinen sich die gegenüberliegenden Häuser zu berühren.

Heiliges und Weltliches

... so hat sich in der Welt kein Ereignis zugetragen, dessen Kunde uns überliefert wurde, ohne dass Damaskus bereits existiert und Nachricht davon erhalten hätte. Man gehe zurück in die verschwommene Vergangenheit, so weit man wolle, es gab immer ein Damaskus. Für Damaskus sind Jahre nur Augenblicke, Jahrzehnte nur vorüberhuschende, unbedeutende Zeitabschnitte. Es misst Zeit nicht nach Tagen, Monaten und Jahren, sondern nach den Reichen, die es hat erstarken, blühen und verfallen sehen. Es ist ein Urbild der Unsterblichkeit. Es sah Griechenland emporwachsen, zweitausend Jahre lang blühen und dann vergehen. In seinen älteren Jahren sah es, wie Rom erbaut wurde; erlebte, wie es die Welt mit seiner Macht überschattete und wie es unterging. ... Es hat auf die dürren Gebeine Tausender von Reichen herabgeblickt und wird die Gräber weiterer sehen, bevor es stirbt.

Mark Twain, *Die Arglosen im Ausland*, 1869

Damaskus soll die älteste durchgehend besiedelte Stadt der Erde sein – womit sie möglicherweise die größte nicht ausgegrabene archäologische Stätte der Welt wäre. Niemand konnte bislang erforschen, was unter der Stadt liegt, weil unablässig Menschen in ihr wohnen. Ihre Geheimnisse liegen unter einer zweieinhalb Meter dicken Erd- und Geröllschicht vergraben, zu der jeder Herrscher, jede Kultur eine Schicht beigetragen hat. Fast immer, wenn ein Arbeiter seine Hacke schwingt und ein Loch in die Straße schlägt, um ein Kabel zu verlegen oder ein leck gewordenes Abwasserrohr zu reparieren, stößt er auf einen antiken Steinblock oder auf eine uralte Mauer.

Bei Instandsetzungsarbeiten in der Geraden Straße in den 1940er-Jahren stieß man auf einen römischen Dreifachbogen, der geborgen und an derselben Stelle wieder aufgestellt wurde; dort kann man ihn heute besichtigen. Als unweit dieser Stelle in den 1960er-Jahren das Fundament für einen Neubau ausgehoben wurde, legte man vier Säulen einer römischen Kolonnade frei. Die einzige tatsächlich „geplante“ Ausgrabung, die in Syriens Hauptstadt jemals überhaupt möglich war, findet im Augenblick an der Stelle des ehemaligen Gold-Suk statt, der in den 1960er-Jahren bis auf die Grundmauern niederbrannte: Hier entdeckten Archäologen unter kreuz und quer verlaufenden Mauern aus späterer Zeit das Fundament eines von den Römern angelegten Nymphäums.

Gegenüberliegende Seite: Die Omaijaden-Moschee. Braut-Minarett und Mosaiken auf dem Schatzhaus.

Oben: Restaurierungsbedürftiger Empfangsraum im Bait al-Yusuf mit üppiger Bemalung, Schnitzarbeit und Vergoldung.

DAMASCUS
in Syrien
Volgens de Affteekening gedaen int Iaer 1668
Groote Kerck van Sinte Iohannis
3. De Kerck van Sinte Paulus
4. De Kerck van Sinte Joris
5. Het Huys van den Sultan
7. De Plaetse op de welcke Christus Paulus
8. Alhier souw

Links: Blick auf Damaskus; die Zeichnung von 1668 zeigt die Stadtmauern und den Fluss, der die Stadt durchquert.

Oben: Radierung aus dem 19. Jahrhundert mit der Darstellung einer Reisegruppe, die sich Damaskus nähert.

Damaskus liegt eingebettet zwischen dem Osthang des Antilibanon auf der einen und einer Wüste auf der anderen Seite, die sich nach Süden hin Tausende von Kilometern über die Arabische Halbinsel bis zum Indischen Ozean erstreckt. Nicht zufällig vergleicht Ross Burns, der Autor der *Monuments of Syria*, die Stadt mit einem Hafen: „Sie ist die erste Landestelle für den Wüstenreisenden." Die Stadt entwickelte sich an dieser Stelle, weil hier der Fluss Barada, der elf Kilometer entfernt in den Bergen entspringt, eine ausgedehnte Oase schuf, die so genannte Ghuta, eine etwa fünfzig Kilometer breite, grün leuchtende Fläche inmitten der gelben Wüste. Es gibt zwar Tells (Hügel), die von den zahlreichen prähistorischen Siedlungen übrig geblieben sind, aber Damaskus ist – vermutlich wegen des Barada – die einzige Siedlung, die sich im Laufe der Zeit ausgedehnt hat. „Sie konnte gar nicht sterben", schrieb Mark Twain, als er 1867 Damaskus besuchte. „So lange der Stadt da draußen das Wasser bleibt, so lange wird Damaskus leben..." Von den frühesten Zeiten an haben die Bewohner der Stadt – Aramäer, Griechen, Römer – diesen Fluss gebändigt, ihn in Bäche und Kanäle geleitet, um mit seiner Hilfe nicht nur die in der Oase angelegten Gärten, sondern auch die Häuser der Stadt mit dem kostbaren Nass zu versorgen. Schon früh haben Damaskusbesucher das ausgeklügelte Wasserversorgungssystem der Stadt bewundert. Al-Maqdisi, ein arabischer Reisender und Geograph, bemerkte in einer Schrift aus dem Jahr 985 n. Chr.: „Damaskus ist eine Stadt, die von Wasserläufen durchzogen und mit Bäumen bestanden ist. Hier sind die Preise gemäßigt, Früchte und Schnee gibt es in Fülle, und es finden sich Erzeugnisse kalter und warmer Breiten. Nirgends sonst wird man solch herrliche heiße Bäder finden oder so schöne Brunnen ..."

Rund 850 Jahre später formulierte Alexander Kinglake, englischer Historiker und Reisender, denselben Gedanken etwas ausführlicher: „Die Lebensader der Stadt ist der schäu-

Unten: Die beiden Stiche (19. Jahrhundert) zeigen Reisende auf der Straße, die vom Antilibanon nach Damaskus führt. Wie eine Fata Morgana schimmert Damaskus in der Ferne.

Rechts: Karte von Damaskus aus dem Jahr 1572. Sie diente möglicherweise als Vorlage für die Darstellung der Stadt aus der Vogelflugperspektive auf Seite 14–15.

mende, eiskalte Strom, der von den schneebedeckten Hängen des Antilibanon herniederstürzt. Dicht entlang dem Flussufer erstreckt sich über elf Kilometer voller üppiger Büsche und tiefstem Schatten die Stadt in ihrer vollen Länge; wie sich ein Mensch flach zum Bach, aus dem er Schluck um Schluck trinken kann, zu Boden wirft, so liegt Damaskus, auf immer durstig, mit seinen Lippen am Strom und klammert sich an dessen dahineilendes Wasser."

Bis zum 20. Jahrhundert näherten sich Damaskusbesucher der Stadt auf einem Pfad über die Berge, und ihr erster Blick auf die Stadt fiel von oben herab. Der Anblick der weiß schimmernden Stadt im Herzen einer grünen Oase inmit-

Prefecti Syriæ domus
Ecclesia S. Pauli
Nauigabilis fluuius lympidißima aqua nobilis, urbem Damascenam irrigans.
Hic D. Paulus baptizatus perhibetur
Ecclesia Magna Damasci
Domus Soldani urbis.
DAMASCVS, urbs nobilißima ad Libanum montem, Totius Syriæ Metropolis.

ten der trockenen Wüste, die sich dahinter bis zum Horizont erstreckte, war atemberaubend, fast wie ein Wunder. Der Legende zufolge reiste Prophet Mohammed über diese Bergstraße nach Damaskus, doch als er den bezaubernden Anblick der Stadt zu seinen Füßen sah, beschloss er, seine Reise nicht fortzusetzen, denn „der Mensch sollte das Paradies nur einmal betreten".

M. E. Rogers, eine Engländerin, die Syrien 1865 bereiste, als ihr Bruder dort Konsul war, berichtete eine ganz andere Geschichte, dass nämlich Mohammed sich abwandte, sein Führer aber, bezaubert von dem spektakulären Anblick, ausrief: „Hier lass mich sterben!" – ein kleiner Schrein mit einer Kuppel auf dem Hügel soll sein Grab sein. Es gibt noch eine weitere Version der Legende, der zufolge sich der Prophet Damaskus von dem südlichen Vorort Qadam her näherte und sich nicht wegen des Anblicks von ihr abwandte, sondern weil er auf der Straße gestolpert war und dies als Zeichen gedeutete hatte, seine Reise nicht fortzuführen. Qadam heißt „Fuß" auf Arabisch, und in der Moschee dieses Vorortes wird ein Stück Marmor verehrt, auf dem sich der Abdruck eines Fußes befindet. In der Antike glaubte man, er stamme von Moses, heute betet man ihn als den Fußabdruck Mohammeds an.

Im April 1833 näherte sich der französische Dichter, Staatsmann und Reisende Alphonse de Lamartine (1790–1869) über die Bergstraße Damaskus, als plötzlich „durch eine Lücke in den Felsen mein Auge auf den seltsamsten und fantastischsten Anblick fiel, der je einem Mensch zuteil wurde: Es war Damaskus und seine grenzenlose Wüste, nur wenige Hundert Fuß unter meinem Weg … zuerst die Stadt, umgeben von ihren Mauern … ein Wald von Minaretten und allen möglichen Gebilden, bewässert von den sieben Nebenflüssen und zahllosen Bächen, bis sich der Blick in einem Labyrinth von Blumengärten und Bäumen verlor. … Wir blieben stehen, wir drängten uns an die Öffnung im Felsen, um diesen wunderbaren Anblick zu genießen, der sich vor unseren Augen so vollkommen und so unvermittelt auftat."

Vielleicht ist das der Schlüssel zu Damaskus – es ist ein wenn nicht magischer, so doch spiritueller Ort, in dem die Religion einen große Rolle in der Geschichte gespielt hat. Seltsame Begebenheiten fanden hier statt. Das berühmteste Ereignis, das Damaskus einen Platz auf der Karte der christlichen Welt sicherte, ist natürlich die Geschichte von Saulus, dem jungen Zeltmacher, der als fanatischer Gegner der Christen zu ihren eifrigsten Verfolgern zählte. Auf Anordnung des jüdischen Hohenpriesters war er auf dem Weg nach Damaskus, um die dortigen Christen festzunehmen und nach Jerusalem zu bringen. „Unterwegs aber, als er sich bereits Damaskus näherte, geschah es, dass ihn plötzlich ein Licht vom Himmel umstrahlte. Er stürzte zu Boden und hörte, wie eine Stimme zu ihm sagte: Saul, Saul, warum verfolgst du mich?" (Apg 9,3–4). Ein in Damaskus wohnender Christ namens Hananias erhielt im Traum den Auftrag, „zur sogenannten Geraden Straße" (Apg 9,11) zu gehen und sich des armen blinden, verwirrten Mannes anzunehmen, was er anschließend auch tat. Saulus „fiel es wie Schuppen von seinen Augen" (Apg 9,18), und er ließ sich im Fluss Barada auf den Namen Paulus taufen. („Der Weg nach Damaskus", „ihn umstrahlte ein Licht vom Himmel" und „es fiel ihm wie Schuppen von den Augen" – Damaskus und die Bekehrung des hl. Paulus haben der Welt mindestens drei geflügelte Worte beschert, und auf dieses Ereignis geht auch die Redewendung „Sein Damaskus erleben" zurück, die ausdrückt, dass sich jemand von Grund auf gewandelt hat.) Schließlich musste Paulus vor der wütenden Rache seiner neuen Feinde, der Juden, heimlich aus der Stadt gebracht werden, und da die Juden die Stadttore bewachten, wurde er in einem Korb an der Außenseite der Stadtmauer hinabgelassen und konnte so entkommen.

In Sufaniyya, dem christlichen Teil von Damaskus, lebt heute eine junge Frau, Mirna, die behauptet, Botschaften von Gott erhalten und Erscheinungen der Jungfrau Maria gehabt zu haben. Als ihr die Jungfrau Maria auf dem Dach des Hauses erschien, das Mirna mit ihrem Mann bewohnt –, kniete Mirna vor ihr nieder. „Ich legte meine Hände auf ihre Füße", berichtet sie, „und sie waren warm." Eine mysteriöse Öllache hinterließ an der Stelle, an der Maria stand, einen Fleck – er ist noch heute zu sehen.

Die göttliche Botschaft an Mirna war so schlicht wie die an den hl. Paulus: Sie solle beten für die Einigung der christlichen Kirchen – eine verständliche Aufforderung, wenn man im Reiseführer der Librairie Hachette *Orient, Syrie, Palestine* von 1890 den Abschnitt über Syrien liest. Die darin aufgeführte Glaubenszugehörigkeit der Bevölkerung von Damaskus ist beispielhaft für die Vielfalt der hier vertretenen Religionen und liest sich wie folgt: 74 464 Muslime, 500 Drusen , 5945 griechische Christen, 6191 griechisch-orthodoxe Christen, 260 syrische Christen, 460 syrisch-katholische Christen, 405 armenische und chaldäische Christen, 235 armenisch-katholische Christen, 406 maronitische Christen, 110 römisch-katholische Christen, 70 protestantische Christen, 15 000 Ausländer (einschließlich Soldaten), 4680 Juden. Einige dieser Glaubensrichtungen gehen auf die Tätigkeit der Missionare aus den westlichen Kirchen zurück, die seit dem 16. Jahrhundert nach Syrien kamen. Da sie den Muslimen die christliche Religion nicht predigen durften, wirkten sie unter den ortsansässigen Griechisch-Orthodoxen und Maroniten, von denen zahlreiche Gläubige zur römisch-katholischen Kirche oder zu der einen oder anderen protestantischen Sekte übertraten.

Gegenüberliegende Seite: Der Sattler-Suk (Suk Sarudschiyya) mit dem Minarett der Sandschaqdar-Moschee.

Die Nordseite der Omaijaden-Moschee und das Braut-Minarett, 1870 von Bonfils aufgenommen.

Aus der ganzen Welt kamen Pilger, um mit Mirna zu beten (sie unterhält eine eigene Website im Internet). Aber Pilger strömen schon seit mehr als tausend Jahren nach Damaskus, ins „Land der Propheten", in die viertheiligste Stadt des Islam (nach Mekka, Medina und Jerusalem), und Sammelort für den Hadsch, die jährliche Pilgerfahrt nach Mekka. In der Antike besuchten Gläubige die heiligen Höhlen auf dem Berg Qasyun: die Höhle Abrahams, in der nach der Legende Abraham zur Welt kam; die Höhle des Bluts, in der Kain Abel tötete (und wo die Felsen immer noch vor Kummer weinen); die Höhle der sieben Schläfer, jener heiligen Männer, die sich während einer grausamen Verfolgung darin versteckten und auf wunderbare Weise dreihundert Jahre später wieder „aufwachten"; die Höhle der Vierzig Märtyrer, die zu einer anderen sorgenvollen Zeit verhungerten, und viele mehr.

Heute treffen in Damaskus jedes Jahr zwischen zwei- und dreihunderttausend iranische Pilger ein, die von einer ganz anderen Mission erfüllt sind. Es sind zum größten Teil Frauen, die sich in ihrem langen, das Antlitz verhüllenden Schleier, dem Tschador, ihren Weg durch die engen Gassen der Altstadt bahnen, um zu den Gräbern von Zainab, Mohammeds Enkelin, und Ruqayya, seiner Urenkelin, sowie zum Schrein seines Enkels Husain (626–680) in der Omaijaden-Moschee zu gelangen. Oft wird behauptet, Husains Haupt liege in diesem Schrein, in Wirklichkeit befindet es sich aber in der nach ihm benannten Moschee in Kairo. Vermutlich wurde die Reliquie einige Zeit nach seinem Tod in der Omaijaden-Moschee aufbewahrt, was die Entstehung dieser Legende erklären könnte.

Die große Omaijaden-Moschee ist das in Stein gehauene Symbol der religiösen Geschichte von Damaskus. Sie wurde innerhalb der Grundmauern des römischen Jupitertempels errichtet, von dem früher ein Teil als christliche Kirche genutzt worden war. Der römische Tempel seinerseits war auf dem Standort eines aramäischen Tempels erbaut worden, der immerhin so bedeutend war, dass er in der Bibel erwähnt wird: Die damit verbundene Geschichte handelt von einem Eroberer, der den Altar des Großen Tempels von Damaskus so eindrucksvoll fand, dass er seinen Priestern befahl, eine Kopie davon anzufertigen. Da der aramäische Tempel unmittelbar unter der heutigen Moschee liegt, ist nichts von ihm zu sehen mit Ausnahme einer Sphinxstatue, die 1948 bei Reparaturarbeiten in der Nordwand der Moschee entdeckt wurde und heute im Nationalmuseum aufbewahrt wird.

Der römische Tempelkomplex erstreckte sich über ein riesiges Gelände, das größer ist als das Areal des Baal-Tempels in Palmyra, und noch heute entdeckt man in den Häusern und Straßen der Altstadt Säulen und Steinblöcke, die zur Außenmauer des Tempels gehört hatten. Tatsächlich erweist sich die gesamte Altstadt als ein Konglomerat aus immer wieder verwendeten alten Steinen: Hoch oben auf der Südwand der Moschee gegenüber dem Goldbasar und den öffentlichen Toiletten (die aus dem 14. Jahrhunderts stammen) befindet sich eine verwitterte römische Büste, die als Baustein dient. Der römische Tempeleingang, der von einer massiven Säulenhalle gebildet war, befand sich an der hinteren Seite der heutigen Moschee. Als der britische Missionar Josias Porter in Damaskus weilte (1850–55), standen davon noch fünf Säulen, heute jedoch ist von diesem Bauwerk kaum noch etwas erhalten.

Der römische Kaiser Julian (361–63 n. Chr.), bekannt unter dem Beinamen „Apostata" („Abtrünniger"), weil er sich zu einem neuen Heidentum bekannte und versucht hatte, die Verbreitung des Christentums einzudämmen, die den Ostteil des Römischen Weltreichs überflutete, schrieb von dem „großen und heiligen Damaskus" mit seinen herrlichen Tempeln und grandiosen Schreinen; er nannte Damaskus „Stadt Jupiters und Auge des ganzen Ostens".

Oben: Iranische Pilger in der neuen, über dem Grab von Ruqayya, der Urenkelin Mohammeds, errichteten Moschee.

Gegenüberliegende Seite: Das Westtor des römischen Tempels, aufgenommen in den 1980er-Jahren, vor Abbruch des Suk, der den Tempel umgab.

Ende des 4. Jahrhunderts, als das Christentum in dieser Region zur offiziellen Religion erhoben wurde und das Byzantinische Kaiserreich entstand, wurde der innere Teil des Jupitertempels, die Cella, in die christliche Kirche des hl. Johannes des Täufers umgewandelt und dabei ein großer steinerner Torbogen in die Südwand geschlagen. Dieser Eingang ist inzwischen halb im Erdreich verschwunden, aber seine in griechischer Sprache verfasste selbstbewusste Inschrift verkündet immer noch: „Dein Königreich, o Christus, ist ein ewiges und deine Herrschaft wird alle Generationen überdauern."

Das Königreich des Herrn, verkörpert durch die byzantinische Herrschaft über den Tempel des Jupiter, dauerte hier aber nur 300 Jahre – bis Damaskus 635 n. Chr. von den Arabern erobert wurde. Selbst dann wurde ein Vertrag ausgehandelt, der vorsah, dass sich Christen und Muslime den heiligen Ort teilten: Nach dem Betreten der Basilika durch das christliche Tor wandten sich die Muslime nach rechts, um in der Moschee der Gefährten des Propheten zu beten, während die Christen sich nach links begaben, um in ihrer Kirche zu beten. Diese glückliche Situation hatte mehr als fünfzig Jahre lang Bestand.

Der von den arabischen Eroberern ernannte Gouverneur von Syrien, Moawija I., wurde zu einer Schlüsselfigur in der Welt des Islam. Unmittelbar nach dem Tod von Othman, dem dritten Kalifen (*'Khalifa'*, arab. „Nachfolger", lautete der offizielle Titel von Mohammeds Nachfolgern) entbrannte ein erbitterter Kampf um die Führung in der muslimischen Gemeinschaft. Auf der einen Seite stand Ali, Mohammeds Vetter und Schwiegersohn als vierter Kalif, der die Führung als sein vererbtes Recht beanspruchte, auf der anderen Moawija, der mit dem Propheten nicht ganz so eng verwandt war, aber einen stärkeren Rückhalt hatte. Die Rivalität der beiden führte zur Spaltung der muslimischen Welt in zwei Lager: die *Schia*, die Ali (und nach dessen Ermordung seinen Sohn Husain) unterstützte, und die *Sunniten*, die hinter Moawija standen.

Moawija setzte sich durch und begründete die Omaijaden-Dynastie (661–750) in Damaskus, das anstelle von Medina, dem Sitz der vorangegangenen Kalifen, nunmehr zur Hauptstadt der muslimischen Welt wurde. Nach Moawijas Tod im Jahr 680 – er wurde auf dem Friedhof beim Bab al-Saghir in Damaskus beigesetzt – stärkte sein Sohn Jesid I. die Sunniten-Dynastie zusätzlich, indem er Alis Sohn Husain töten und dessen Familie als Gefangene nach Damaskus bringen ließ. Dieser Umstand erklärt auch, weshalb

sich heute die Gräber von Husains Schwester und Tochter in Damaskus befinden.

Die Epoche der Omaijaden war für Damaskus eine ruhmreiche Zeit, die ihre Krönung in der Großen Moschee fand; sie wurde 705 von al-Walid I., einem der Nachfolger Moawijas, errichtet. Die Wissenschaft ist sich nicht einig darüber, ob al-Walid die christliche Kirche in eine Moschee umwandeln oder ob er sie abreißen ließ und einen Neubau in Auftrag gab. Heute neigt man eher zur Annahme, dass er die Moschee innerhalb der Grundmauern des römischen Tempels von Grund auf neu bauen ließ.

Arabische Historiker berichten, dass die Christen sich dem Ersuchen al-Walids widersetzten, ihren Anteil an dem Gebäude aufzugeben, damit er seine Moschee bauen könne. Wütend drohte er, er werde die größte ihrer Kirchen abreißen lassen, falls sie sich nicht zurückzögen, woraufhin sie zögernd seiner Forderung Folge leisteten. Al-Walid soll selbst eine Hacke in die Hand genommen haben, um an der Südostecke das zu zerstören, was wir heute als Jesus-Minarett kennen und in dem ein Eremit lebte.

Bevor al-Walid mit dem Bau der Moschee begann, bat er, wie der andalusisch-arabische Reisende Ibn Dschubair 1194 schrieb, „den König in Konstantinopel, ihm zwölftausend Kunsthandwerker aus seinem Land zu schicken, zugleich drohte er ihm mit Sanktionen, falls dieser damit zögere. Doch der König von Konstantinopel tat in aller Sanftmut, wie ihm befohlen war ..." Es dauerte acht Jahre, bis die Moschee vollendet war, und die Künstler kamen nicht nur aus dem

Gegenüberliegende Seite: Ein älterer Mann liest im Koran am Osttor der großen Omaijaden-Moschee.

Oben: Ein Minarett der Omaijaden-Moschee, aufgenommen durch die römischen Arkade, die Teil des Westeingangs war.

Nächste Seite: Blick in den Innenhof der Omaijaden-Moschee durch den Nordeingang.

Byzantinischen Kaiserreich, sondern auch aus Persien, Indien und Nordafrika. Al-Maqdisi zufolge kostete die Moschee sieben Jahre alle Einkünfte al-Walids aus ganz Syrien, „und darin ist noch nicht inbegriffen, was der Kaiser von Byzanz und die Emire ihm in Form von Edelsteinen und anderen Materialien für die Mosaiken gegeben haben". Yaqut, ein griechischer Sklave, der einer der bedeutendsten muslimischen Geographen wurde, schrieb 1225, allein die Kosten für den Kohl, den die Arbeiter während des Moscheebaus verzehrten, hätten sich auf 6000 Dinare belaufen (wie ein passionierter englischer Gelehrter im 19. Jahrhundert errechnete, entsprach das 3000 englischen Pfund, nach heutigem Wert rund 130 000 Pfund).

Al-Maqdisi verdanken wir eine detaillierte Beschreibung der Moschee. Neben dem großen mit Marmor gefliesten Hof und der von Säulen getragenen gewaltigen Kuppel (zwei der Säulen aus geädertem Marmor sollen aus dem Tabernakel der Königin von Saba stammen) schildert er die Innenausstattung wie folgt: „Die zwei Mann hohen Innenwände der Moschee sind mit geädertem Marmor verkleidet; darüber befinden sich bis zur Decke hin Mosaiken in verschiedenen Farben und Gold mit Bildern von Bäumen und Städten und herrlichen Inschriften, alles in auserlesener, bester Arbeit. Die Säulenkapitelle sind mit Gold verkleidet und die Gewölbe über den Säulengängen überall mit Mosaiken verziert. ... Das Innere des Mihrab und der Bereich um den Mihrab ist mit Achaten und Türkisen besetzt von der Größe, wie man sie bei den kostbaren Edelsteinen in Ringen findet . . . zu den wunderbaren Anblicken aber, die Erwähnung verdienen, gehört wahrlich die Ausstattung in Marmor in unterschiedlichen Farben, bei denen die Maserung der einen aus der der Nachbarsäule hervorgeht; und sollte ein Künstler ein ganzes Jahr über täglich kommen und vor diesen Mosaiken stehen, dann dürfte er immer wieder ein neues Muster und eine neue Zeichnung entdecken . . ."

Ibn Battuta, der aus Nordafrika stammende große arabische Reisende, berichtet in seinen Aufzeichnungen von 1326, dass siebzig Muezzins die Gläubigen zum Gebet aufriefen, und bis heute ist der Ruf zum Gebet vom Minarett der Omaijaden-Moschee ein harmonisches Miteinander mehrerer Stimmen. Yaqubi, ein Historiker, berichtete 874, die Moschee biete zwanzigtausend Menschen Raum zum Gebet, und sechshundert Lampen hingen an goldenen Ketten. Bei den Bauarbeiten an der Moschee fanden Yaqubi zufolge Arbeiter in den Fundamenten eine Höhle und baten al-Walid, sie sich anzusehen. „Des Nachts stieg der Kalif dort hinunter, und siehe da, es war eine herrliche Kapelle ... und in ihr lag eine Kiste, in der sich ein Korb befand, auf dem geschrieben stand: ‚Dies ist das Haupt des Johannes, des Sohns des Zacharias'." Al-Walid ließ daraufhin den Korb unter einer der Säulen in der Gebetshalle beisetzen und daneben einen Schrein zu Ehren des hl. Johannes errichten.

Folgende Doppelseite: Das berühmte Mosaik der Omaijaden-Moschee stammt aus dem 8. Jahrhundert und soll Damaskus zeigen, wie es damals aussah: als Stadt der Bäume, Flüsse und großer Gebäude.

Der Historiker Yaqubi schließt seinen Bericht mit einer etwas unheimlichen Anmerkung: „Als der Kopf dorthin gelegt wurde, stellt Zaid (der Aufseher) fest, dass er selbigen sah und dass das Haar und das Fleisch auf ihm in keiner Weise an Verfall gelitten hatte."

Mit der Zeit entstanden die unterschiedlichsten Legenden rund um die Moschee – dass ein Gebet in ihr so viel wert sei wie dreißigtausend Gebete an anderen Orten; dass in der Moschee keine Spinne je ein Netz gesponnen und keine Schwalbe je ein Nest gebaut habe; dass Jesus am Jüngsten Tag auf dem Jesus-Minarett auf die Erde herabsteigen werde. Etwas nüchterner erwähnen die meisten Historiker, die Moschee ließe sich leicht reinigen, indem man den Hof mit Wasser überflute, das dann durch einen anderen Abfluss entweichen könne.

Al-Walid starb 715 und nach einer zweijährigen Amtszeit von Süleiman wurde Walids Vetter Omar zum Kalifen erklärt. Omar war das Gegenteil seines Vorgängers; er war ein gottgefälliger, strenger Mann, der Schuldgefühle empfand, weil man die Moschee so üppig ausgestattet und den Christen weggenommen hatte (die nicht lange zögerten, sich beim ihm darüber zu beschweren). Er war bestrebt, all seine Schätze zu verkaufen und die Moschee den Christen zurückzugeben, doch dagegen wehrten sich die Einwohner von Damaskus, und so gab er den Christen „eine große Summe", und diese bauten die Kirche des hl. Johannes in Bab Tuma. Yaqut zufolge änderte er seine Meinung, als er in der Moschee ein Gespräch zwischen zwei „Botschaftern der Griechen" belauschte. Der eine meinte zum anderen: „Ich hatte den Versammlungen des Volks von Byzanz erzählt, die Araber und ihre Macht würden nur kurze Zeit überdauern; aber jetzt, da ich sehe, was sie gebaut haben, bin ich mir sicher, dass ihre Herrschaft bis zum Ende aller Tage währen wird." In der Tat ist al-Walids prächtige Moschee, in der das Geschick von Architekten und Handwerkern aus so vielen unterschiedlichen Kulturen zu einem harmonischen grandiosen Ganzen vereint wurden, das zweitgrößte Prunkstück islamischer Kunst und wird nur durch den Felsendom in Jerusalem übertroffen.

1069 wütete ein Brand in der Moschee; 1401 ließ der Mongolenführer Tamerlan sie niederbrennen und 1893 wurde sie durch einen weiteren Brand erneut zerstört; danach beteiligten sich alle Handwerker von Damaskus an ihrem Wiederaufbau. (Der merkwürdige Karren, der im Hof steht, ist in Wirklichkeit eine Erfindung jener Zeit, um die Säulen aus den Steinbrüchen von Mezze zu ziehen.) Die Moschee wurde Anfang der 1990er-Jahre noch einmal restauriert, was damals zu heftigen Kontroversen führte.

Brunnen

Die Häuser in Damaskus sind im Innen- und Außenbereich mit Brunnen ausgestattet. Die Außenbrunnen standen in der Mitte des Innenhofs und – aus gewöhnlichem Stein gehauen – waren sie meist schlicht gehalten, bis im 19. Jahrhundert üppig dekorierter Marmor in Mode kam. Die Innenbrunnen dagegen waren aus prunkvollem, mit Mosaiken, Intarsien oder Schnitzereien verziertem Marmor erbaut, der oftmals mit dem Marmor, mit dem der Boden um den Brunnen ausgelegt war, harmonierte. Wandbrunnen verwendete man in den Innenräumen oder Innenhöfen.

Gegenüberliegende Seite: Ein mit Mosaiken eingelegter Steinbrunnen, auf dem Obst gekühlt werden konnte, im Historischen Museum von Damaskus.

Oben: Detailansicht des gemeißelten Steinbeckens eines Brunnens im Historischen Museum.

Rechts: Der stille Innenhof eines Hauses im Quaimariyya-Viertel mit einem Brunnen in der Mitte.

Links: Ein traditioneller Innenbrunnen aus einem zum Boden passenden Marmormosaik im Bait Niyadu (Bait Stambuli).

Oben: Steinerner Wandbrunnen mit Steinmetzarbeiten und Intarsien im Historischen Museum.

Gegenüberliegende Seite: Kunstvoll erbauter Innenbrunnen aus schwarzem, rotem und weißem Marmor im Bait Qasim.

Oben: Üppig dekorierter Brunnen aus weißem Marmor im Bait Schamaiyya aus den 80er-Jahren des 19. Jahrhunderts.

Gegenüberliegende Seite: Dieser außergewöhnliche marmorne Innenbrunnen in der Form eines Irrgartens steht im Historischen Museum.

Die unter der Omaijaden-Dynastie in Spanien errichtete Große Moschee von Córdoba.

Im Jahr 750 wurde die Omaijaden-Dynastie von einem neuen Herrschergeschlecht gestürzt, das auf Mohammeds Onkel Abbas zurückging und für sich das Recht auf das Kalifat beanspruchte. Mit dem Sturz der Omaijaden durch die Abbasiden endete auch die glücklichste Epoche der Stadt Damaskus. Der erste Abbasidenkalif lud die letzten Omaijadenprinzen zu einem „Versöhnungsmahl" ein, doch als diese eintrafen, ließ er sie hinterhältig töten. Dann, so heißt es, ließ er Teppiche über ihre Leichen ausbreiten und nahm, auf ihnen sitzend, sein Mahl ein, wobei er erklärte, es sei das delikateste Mahl gewesen, das er je genossen habe. Nur ein Prinz entkam dem Massaker; er floh nach Andalusien in Spanien, das zu dieser Zeit erobert und dem riesigen Reich der Araber einverleibt worden war. Hier schlug sich die Baufreudigkeit der Omaijaden in der Großen Moschee von Córdoba nieder. Sie wurde später in eine christliche Andachtsstätte umgewandelt – ironischerweise ereignete sich hier genau das Gegenteil dessen, was in Damaskus geschehen war. Als Karl V., der Kaiser des Heiligen Römischen Reiches, sah, was in der Moschee angerichtet worden war – Dutzende eleganter Säulen im Zentrum waren zerstört worden, um Platz für den großen Kathedralenbau zu schaffen – soll er wütend ausgerufen haben: „Ihr habt hier etwas gebaut, was von euch oder sonst jemandem hier oder an jedem beliebigen Ort hätte erbaut werden können, aber ihr habt zerstört, was einzig in der Welt ist."

Die muslimische Herrschaft in Spanien dauerte siebenhundert Jahre lang und war ein Bindeglied, durch das die Araber Europa in vielerlei Hinsicht beeinflussten. Früchte und Gemüse – Artischocken, Auberginen, Damaszenerpflaumen (aus Damaskus), Bitterorangen – gelangten aus der arabischen Welt nach Europa; Wörter wie Alkohol, Algebra, Alchemie und Alkali fanden Eingang in die Sprachen des Westens, weil man im Abendland die damit bezeichneten Dinge bis zur Ankunft der Araber nicht kannte und daher auch keine Begriffe dafür hatte. Die Technik des Destillierens kam von den Arabern, und sie sorgten auch dafür, dass das Gedankengut der griechischen Antike gerettet wurde. Die Araber besaßen hervorragende Kenntnisse im Bereich der Chemie, Mathematik, Medizin, Astronomie und Philosophie, während Europa sich noch im finsteren Mittelalter befand. Der Philosoph und Historiker Joseph McCabe schrieb in *The Splendours of Moorish Spain*: „Im 10. Jahrhundert hatte Córdoba eine Bevölkerung von einer Million Seelen, reiche Wasservorräte und kilometerweite gut gepflasterte und beleuchtete Straßen. Außerhalb des arabischen Spaniens und Siziliens gab es nirgends in Europa eine Stadt mit mehr als 30 000 Einwohnern, die auch nur ansatzweise über eine Kanalisation, gepflasterte oder beleuchtete Straßen

und eine städtische Trinkwasserversorgung verfügte, und es sollte noch mindestens zwei Jahrhunderte lang keine solche geben...".

Das bekannteste spanische Wort Olé leitet sich möglicherweise vom arabischen „Allah" her, das man heute noch in Syrien hören kann, wenn ein Publikum einer Darbietung Beifall zollt.

Nachdem die Abbasiden die Omaijaden beseitigt hatten, kehrten sie Damaskus den Rücken und verlegten ihren Sitz nach Bagdad, von wo aus sie die muslimische Welt regierten. Abgesehen von einem kurzen Zwischenspiel zur Zeit Nureddins sollte Damaskus tausend Jahre lang nicht mehr Hauptstadt sein. Unter den nachfolgenden Dynastien erfuhr die Stadt ein wechselvolles Schicksal: Herrschte in der Region Frieden, dann erblühte Damaskus, und die großen Kamelkarawanen, die Waren aus aller Welt zu den traditionellen Handelsplätzen brachten, konnten sich ohne Furcht vor Angriffen frei bewegen. Dann wiederum litt die Stadt unter den Machtkämpfen rivalisierender Gruppen oder weil sie von denen, die die Macht innehatten, unterdrückt wurde, denn jede Dynastie, die in Damaskus herrschte, bzw. jeder Gouverneur, der sie vertrat, versuchte durch zahlreiche Abgaben aus der Bevölkerung möglichst viel herauszupressen. Ein Beispiel dafür, was sich ein Beamter alles leisten konnte, lieferte Asad Pascha al-Azem, der vierzehn Jahre lang in Damaskus regierte: Als 1758 der osmanische Sultan sein Vermögen konfiszierte, kam so viel Geld zusammen, dass die Währung des osmanischen Weltreichs neu bewertet werden musste. (Al-Azems umfangreiche Sammlung an Porzellan aus der Ming-Zeit fiel an den Sultan persönlich und ist heute Teil der chinesischen Porzellansammlung, die im Museum des Topkapi-Palastes in Istanbul ausgestellt ist.)

Auch wenn der Kaufmann und Reisende Ibn Hawqal 978 den Einwohnern von Damaskus ein „gewalttätiges und aufsässiges Wesen" bescheinigte, das er darauf zurückführte, dass die Stadt unter dem Zeichen des Löwen stand, lernten sie die Kunst, unter fremden Herrschern zu überleben. Aus Sicherheitsgründen versuchten diejenigen, die ein enges Band einte – Familien, Klans, Zunftmitglieder –, in unterschiedlichen Vierteln der Stadt eng beieinander zu wohnen, manchmal in Haras, d. h. Durchgängen, die nachts durch Tore verschlossen werden konnten. Jedes Viertel hatte seine selbst ernannten Führer sowie Moscheen, Bäder, Schulen und Suks, sodass sich niemand allzu weit von zu Hause entfernen musste. Die klar entworfene römische Rasterstruktur der Straßen, die die Altstadt vormals exakt aufgeteilt hatte, wurde nun durch ein immer dichter werdendes Gewirr aus Gassen und Durchgängen überlagert. Es entstand ein System aus Waqf, religiösen Fonds, durch die die Einkünfte eines Khan (einer Karawanserei) oder Hammam (Badehauses) oder Suk (Basars, Marktes) für den Bau und Erhalt speziell

Linke Seite: Lebensbaum als Verzierung aus vergoldetem Marmor an einer Nischenrückwand im Historischen Museum.

Unten: Nische in Saladins Grabstätte, verziert mit Blumen aus Pastendekor und Damaszener Fliesen.

von religiösen Gebäuden, Schulen oder Krankenhäusern verwendet wurden. Das bedeutete auch, dass der Besitz, aus dem sich diese Einkünfte ergaben, den Eigentümern nicht willkürlich durch einen Gouverneur oder Sultan konfisziert werden konnte.

Ob es Damaskus gut oder schlecht ging, daran hatte auch die Natur einen wesentlichen Anteil. Es gab Jahre entsetzlicher Dürre, als nicht genug Wasser floss, um die zahlreichen Mühlen am Fluss anzutreiben. Heute noch stehen dort mehrere dieser alten Mühlen, aber keine wird mehr mit Wasserkraft betrieben. Es gab regenreiche Jahre, in denen die halbe Stadt von den Wassermassen weggeschwemmt wurde; Jahre, in denen die Ernte durch Heuschrecken vernichtet wurde; Jahre, in denen Erdbeben die Häuser zum Einsturz brachten, in denen die Pest die Bevölkerung nahezu auslöschte – eine solche Epidemie gab es noch im 19. Jahrhundert. John Bowring, ein britischer Regierungsbeamter,

Unten: Eine typische Straße in Damaskus Ende des 19. Jahrhunderts (im Bahsa-Viertel), aufgenommen von Bonfils, der sie irrtümlich als „Gerade Straße" bezeichnete.

Gegenüberliegende Seite: Die freitags geschlossene Gerade Straße. Die Löcher im Dach sollen durch französisches Geschützfeuer verursacht worden sein.

schrieb 1840 in seinem *Report on the Commercial Statistics of Syria*: „Ich habe gehört, wie man den Ausbruch der Pest auf die Unterschrift unter ein Dokument mit einer Feder zurückgeführt hat, die aus einem infizierten Haus stammte; auf einen Faden, der auf einem türkischen Basar gekauft und mit dem ein Laken ausgebessert worden war; auf eine Feder im Bett, die von einem aus dem mohammedanischen Viertel entflogenen Vogel stammte." Auf die eine oder andere Weise hat sich Damaskus stets wieder erholt – es verfügte über die reichen Wasservorräte, die der Fluss lieferte, und über die fruchtbare Oase, in der fast alles angebaut werden konnte. Zudem lag die Weizenkammer von Hauran in Südsyrien vor den Toren der Stadt. Dank dieser Umstände blieb Damaskus unverwüstlich und konnte offenbar trotz der Höhen und Tiefen seiner Geschichte sein Erscheinungsbild wahren. Jedenfalls zeigten sich die Besucher von Damaskus in nahezu allen Zeiten von der Stadt beeindruckt.

1154 schrieb der Geograph Ibn Mohammed al-Idrisi: „Damaskus verfügt über alle möglichen guten Dinge sowie über Straßen mit verschiedenen Handwerkern und Händlern, die kostbare seltene und vorzügliche Seiden- und Brokatstoffe verkaufen – und das von einer Art, wie es sie sonst nirgends gibt. Was sie hier herstellen, wird ... in alle Hauptstädte nah und fern gebracht . . . die Handwerker der Stadt haben einen hervorragenden Ruf, und ihre Waren sind auf allen Märkten der Welt gefragt; und die Stadt selbst ist die schönste aller Städte . . ." 1590 stellte der französische Reisende Jacques de Villamont fest: „Es ist eine große, mächtige Stadt . . . Die Straßen sind zum größten Teil überdacht und mit Gewölben versehen, sodass man auf ihnen gehen kann, ohne die Hitze der Sonne oder die Unannehmlichkeit des Regens fürchten zu müssen; das ist bemerkenswert wie auch die Beleuchtung bei Nacht. Wer immer die Schönheit, Lage und Reichtümer dieser Stadt betrachtet, hält sie für das Paradies auf Erden." 1660 schrieb der französische Konsul in Aleppo, Chevalier d'Arvieux, über Damaskus und seine Einwohner: „... die Menschen hier sind reicher und weniger der Tyrannei ihrer Herrscher ausgesetzt. Welcher Nationalität oder Religion sie auch sind, sie schätzen gute Kleidung, gute Unterkunft und gute Verpflegung, und sie schätzen ihre Freiheit. Sie sind die Untertanen des Großen Sultans, aber sie sind nicht seine Sklaven."

John Green, ein Engländer, der 1736 durch Syrien reiste, beschrieb die Gerade Straße, wie sie sich ihm darstellte: „Auf beiden Seiten gibt es Läden, in denen die kostbaren Waren verkauft werden, die Jahr für Jahr von den Karawanen aus Europa, Amerika, Afrika, Persien und Indien gebracht werden. Die Kunstfertigkeit, mit der sie ausgestellt sind, führt die Menschen in Versuchung, sie zu kaufen."

Die Abbassidendynastie zerbrach und verlor die Macht an die Seldschuken; einer ihrer Offiziere, Zangi, wurde zu einer beherrschenden Persönlichkeit in der Region und gab der folgenden Dynastie ihren Namen: die Zangiden. Es waren anarchische, wirre Zeiten: Da gab es die sich im Niedergang befindenden Abbasiden, die Seldschuken, die Kreuzfahrer aus Europa, die fanatischen Assassinen, ferner eine neue schiitische Glaubensrichtung aus Ägypten, die sich Fatimiden nannte, Byzantiner und ortsansässige Stämme mit ihren Häuptlingen, und alle drängten an die Macht in der Region. Zangi bekämpfte sie alle während seiner Herrschaft und versuchte, für sich eine Art Königtum zu schaffen. Sein Sohn, Nur al-Din (im Westen unter dem Namen Nureddin bekannt), hatte dabei mehr Erfolg und sicherte drei Jahrzehnte lang einigermaßen den Frieden.

Ehe Nureddin in Damaskus die Macht übernahm, hatten die Kreuzfahrer 1148 versucht, die Stadt zu erobern. Sie waren sich ihres Sieges so sicher gewesen, dass sie, wie der Syrer Ibn Munqidh schrieb, „unter sich bereits die Häuser von Damaskus verhandelt hatten, die Bäder und die Basare . . ." Doch vor den Mauern der Stadt bereiteten Hitze, Wasserknappheit, Krankheit und die wilde Entschlossenheit der Verteidiger von Damaskus der Belagerung nach nur drei Tagen ein Ende. Die Kreuzfahrer zogen sich zurück, versuchten allerdings 1154 noch einmal, Damaskus einzunehmen: Dieses Mal kam Nureddin den Bedrängten mit seiner Armee zu Hilfe, und die Kreuzfahrer waren ein weiteres Mal gezwungen, ihre Belagerung abzubrechen.

Nureddins Herrschaft bescherte Damaskus eine wenn auch kurze Blütezeit. Das Geschäftsleben erfuhr einen neuen Aufschwung, es setzte eine überaus rege Bautätigkeit ein, sodass die Mauern der Altstadt wieder hergestellt und die

مطبعة
تيسير كروما
واولاده
مشغل عكل

Unten: Foto von Damaskus Ende des 19. Jahrhunderts mit Saladins Grab im Vordergrund.

Gegenüberliegende Seite: Ein kürzlich restaurierter Teil der Zitadelle von Damaskus (die im 13. Jahrhundert von Saladins Bruder wieder erbaut worden war) mit einer modernen Reiterstatue Saladins.

Türme repariert wurden. Einer der Türme, der die Inschrift des Herrschers trägt, liegt heute verborgen in einem Hof eines Ladens unweit des Eingangs zur Geraden Straße. Nureddin ließ den Hammam Nur al-Din im Suk al-Buzuriyya (Gewürz-Suk) erbauen, das älteste Bad, das heute noch der Öffentlichkeit zur Verfügung steht, und das Maristan Nur al-Din, das bemerkenswerte Krankenhaus unweit vom Suk al-Hamidiyya, das kürzlich restauriert wurde und für dessen Bau er das Lösegeld verwendete, das er für einen Kreuzfahrerfürsten erhalten hatte. Er ließ die Omaijaden-Moschee restaurieren und am Osteingang eine herrliche, komplizierte Uhr einbauen, bei der Blechvögel Gewichte in Becher fallen und so die vollen Stunden erklingen ließen. Er begründete Gerichtshöfe und ein Dutzend Schulen; in der Medrese al-Nuriyya, der bedeutendsten dieser Schulen, wurde er schließlich beigesetzt. Reverend Josias Porter beschrieb sie im Jahr 1855 als „eine der schönsten Bauten der Stadt". Leider wurde 1990 ein Teil von ihr neu gebaut, doch der Bereich, in dem sich Nureddins Grab befindet, blieb unangetastet und ist eine Oase der Stille unweit des Suk al-Khayyatin (Schneider-Suk).

Der berühmte Saladin (Salah al-Din) war kurdischer Abstammung und gehörte zu Nureddins Generälen. Er war als Botschafter nach Ägypten an den Hof der Fatimiden entsandt worden. Nach Nureddins Tod 1174 besiegte er alle Erben und Thronanwärter und brachte auch Syrien unter seine Herrschaft; um sich die Rechtmäßigkeit seiner Tat bestätigen zu lassen, heiratete er Nureddins Witwe.

Wenn Saladin in Damaskus weilte, residierte er wie schon zuvor Nureddin in der Zitadelle, aber wegen seiner häufigen Feldzüge gegen die Kreuzfahrer hielt er sich nur selten hier auf. 1187, als er diese aus Jerusalem vertrieb, gilt als sein glücklichstes Jahr. 1192 kehrte er nach einem weiteren Feldzug nach Damaskus zurück; diesmal ging es gegen Richard Löwenherz, doch im darauf folgenden Jahr starb er im Alter von 55 Jahren. Trotz der jahrelangen Schlacht- und Eroberungszüge soll sich Saladins persönliches Vermögen bei seinem Tod lediglich auf einen Dinar und 36 Dirham belaufen haben. Ein Zeitgenosse berichtet, er sei der einzige Herrscher Syriens gewesen, dessen Tod allgemein betrauert wurde.

Saladin wurde in einem Grab an der Nordseite der Omaijaden-Moschee beigesetzt; daneben ließ sein Sohn, al-Aziz, eine herrliche Medrese (Schule) errichten, von der leider nur ein vereinzelter Bogen und ein hübscher Brunnen in einem Garten übrig blieben. Im Mausoleum befinden sich zwei Sarkophage: Der mit reichem Schnitzwerk versehene Holzsarg ist das Original, von dem der französische Orientalist und Architekt Jean Sauvaget meinte, er zähle „zu den schönsten Arbeiten Syriens, die aus dem 12. Jahrhundert übrig geblieben sind". Den anderen, einen verzierten Marmorsarkophag, soll der deutsche Kaiser Wilhelm II. anlässlich seines Besuches in Damaskus 1898 als Geschenk überreicht haben. Stefan Weber, ein Architekturhistoriker, der gegenwärtig am Deutschen Archäologischen Institut in Damaskus arbeitet, ist jedoch der Ansicht, es müsse sich um einen anderen Stifter handeln, denn der Sarkophag trägt das Datum 1878 – zwanzig Jahre vor dem Besuch des Kaisers. Tatsächlich übergab Kaiser Wilhelm für Saladins Grab einen in Deutschland hergestellten Bronzekranz, den später Lawrence von Arabien von König Feisal nach ihrem gemeinsamen triumphalen Einzug in Damaskus 1918 überreicht bekam. Lawrence brachte den Kranz nach England und übergab ihn dem Imperial War Museum in London, wo er sich noch heute befindet. Henry Jessup, ein amerikanischer Missionar, der im 19. Jahrhundert 53 Jahre in Beirut gewirkt hatte, berichtet, ein frommer Scheich habe, nachdem der Kranz vom Kaiser übergeben worden war, beim Gebet im Grab bemerkt, der Kranz habe das Kreuz der Malteserritter getragen. „Nehmt es weg!" soll er gerufen haben. „Ein Kreuzfahrerkreuz auf Sultan Saladins Grab! Das verhüte Gott!" Anfang des 17. Jahrhunderts wurde das Mausoleum restauriert und mit einigen Damaszener Fliesen verziert, die heute noch zu sehen sind. Auf Saladin folgte sein Bruder al-Malik al-Adil, der in der Zitadelle groß angelegte Umbauarbeiten ausführen ließ. Die Zitadelle wurde inzwischen wieder restauriert und wird nach Beendigung der Arbeiten für Touristen zugänglich sein. Nach seinem Tod wurde al-Malik al-Adil in der herrlichen Medrese al-Adiliyya beigesetzt.

Saladin hinterließ siebzehn Söhne, zwischen denen erbitterte Kämpfen um das territoriale Erbe ausbrachen. Den Ajjubiden, wie diese Herrscherdynastie hieß, gelang es nicht,

das Reich Saladins zusammenzuhalten und einer von ihnen Al-Malik al-Kamil (1218–1238), der Sultan von Ägypten – trat sogar Jerusalem in einem Vertrag an Kaiser Friedrich II. ab. Der Herrschaft der Christen war jedoch nur eine kurze Dauer beschieden; sie endete bereits 1244.

In ganz Damaskus finden sich die Grabstätten der Aijubiden – das Grab von Saladins Schwester Sitt al-Scham, der Lady von Damaskus, wurde in letzter Minute gerettet, als man in den 1980er-Jahren den Suk-Sarudscha-Bezirk sanierte. Der Wächter, der das Grab von Furukhschah, einem der Neffen Saladins, im Zuqaq al-Sakhr-Bezirk pflegt (hinter dem Garten, der sich quer über die Straße vom Nationalmuseum aus erstreckt), behauptet, er sehe dort oft nachts Gespenster.

Die erste schwarz-weiß gestreifte Fassade von Damaskus befindet sich an einem Aijubidengebäude, der Medrese al-Qilidschiyya (in einer schmalen Gasse unweit dem Gewürz-Suk); der beliebte, sehr geschäftige Bezirk hinter der Omaijaden-Moschee, der so genannte Qaimariyya-Bezirk, ist nach einem aijubidischen Adligen benannt, der hier eine Schule errichtet hatte. (Diese ist zwar noch vorhanden, aber von der ursprünglichen Aijubidenarchitektur ist nur noch wenig erhalten geblieben.) Die schönsten Bauwerke ließen die Aijubiden allerdings im Bezirk von Salihiyya errichten, so etwa die Hanbali-Moschee, für die die syrischen Baumeister römische Säulen und Kapitelle verwendeten. Für den französischen Schriftsteller Gérard Degeorge ist Salihiyya „ein Museum aijubidischer Architektur".

Während sich Saladins Söhne und Neffen und deren Nachkommen gegenseitig bekämpften, zogen am Horizont wie Gewitterwolken zwei neue Mächte auf. 1260 fielen die Mongolen vom Osten her wie eine menschliche Heuschreckenplage ein. Sie mordeten und plünderten, wohin sie kamen: zuerst in Badgad, dann in Aleppo und schließlich in Damaskus. In Ägypten erhob sich die Armee der Sklavensoldaten, der so genannten Mamelucken, die bis dahin dem Herrscher (Saladins Neffen) gedient hatten, gegen ihre

Herren und rissen die Macht an sich. Die Mamelucken bildeten unter den Soldaten die härtesten und schlagkräftigsten Krieger: Sie wurden bereits im Knabenalter ihren Familien in ihrer Heimat in Zentralasien oder dem Kaukasus entrissen, als Sklaven verkauft und mussten für den ägyptischen Sultan Militärdienst leisten. Militärisches Geschick war für sie die einzige Möglichkeit zum sozialen Aufstieg in der Gesellschaft. Die Mamelucken waren berühmt für ihre Unbarmherzigkeit: „Sie töten einen Menschen ebenso leicht wie ein Hühnchen", berichtete ein schockierter europäischer Reisender. Aber genau solche Krieger brauchte man im Kampf gegen die Mongolen. Unter der Führung des äußerst kriegstüchtigen Baibars I. (1260–1277), der einst auf dem Sklavenmarkt in Damaskus billig verkauft worden war, weil er auf einem Auge an grauem Star litt, trieben die Mamelucken die Mongolen zurück über den Euphrat und verjagten die Kreuzfahrer aus dem nahen Osten – kein Wunder, dass man von Baibars siebzehnjähriger Herrschaft behauptete, er sei siebzehn Jahre im Sattel gesessen. Für Baibars bildete Damaskus den Stützpunkt, als er in Syrien kämpfte, und er ließ am Barada einen großen Palast bauen; dort steht die Takiyya al-Sulaimaniyya heute noch. Sie wurde Ablaq-Palast genannt, weil sie aus Streifen aus schwarzen und weißen Steinen gebaut ist; innen wurde sie mit Marmorhallen und vergoldeten Decken ausgestattet. Hier starb Baibars 1277, nachdem er versehentlich einen vergifteten Becher ausgetrunken hatte, der für einen seiner Adligen gedacht war. Sein Sohn erwarb unweit der Omaijaden-Moschee ein Haus, das einst Saladins Vater gehört hatte, und ließ es in eine Grabmedrese umwandeln, die Medrese al-Zahiriyya, wo Baibars in einem schönen Mausoleum beigesetzt wurde.

Die Einwohner von Damaskus litten unter den Mamelucken, aber selbst diese rauen Krieger mussten in religiöser Hinsicht Kompromisse eingehen. Baibars I. stiftete Geld für die heiligen Stätten in Mekka, ließ entlang der Pilgerroute Brunnen und Wasserreservoirs anlegen – er selbst unternahm

Oben: »Mameluckenstreifen« in gelber und schwarzer Farbe am Zawiyya Abu Schamat.

Gegenüberliegende Seite: Ursprünglich mameluckische Eingangstür zur Yalbogha-Moschee, heute im Garten des Nationalmuseums.

حمام التيروزي
بناه الأمير خليل التيروزي حاجب الحجاب
سنة ٨٤٨هـ

1269 eine Pilgerfahrt – und die Omaijaden-Moschee restaurieren. Die Bronzetore an der Rückseite der Moschee stammen von den Mamelucken, und wenn die Verzierung dieser Tore zum Teil auch verschwunden ist, so erkennt man doch noch auf dem rechten Tor einen Kelch, das Emblem der Mamelucken.

Tengiz, ein weiterer mameluckischer Gouverneur bzw. Wali, war für Damaskus ein guter Herrscher. Er ließ das Kanalisationssystem reinigen und ausbessern, Brücken errichten, die Ommaijaden-Moschee restaurieren und ist bekannt für seine Kampagne, mit der er streunende Hunde aus dem Stadtbild verschwinden ließ. Tengiz errichtete eine Moschee und eine Koranschule (gegenüber der Qilidschiyya der Aijubiden) sowie auf dem kleinen Hof am Suk al-Khayyatin ein schönes Mausoleum für seine Frau Kukabaye.

Die mameluckischen Herrscher taten sich auch als Bauherren hervor; so errichteten sie 1347 die Yalbogha- und 1423 die Tayruzi-Moschee sowie entlang der Midanstraße, auf der die Pilger jedes Jahr ihre große Reise nach Mekka begannen, Gräber, Schulen, Bäder und Moscheen. Wenn Salihiyya ein Museum aijubidischer Architektur ist, dann kann Midan als das mameluckische Gegenstück gelten. Allerdings hatten die Mamelucken mit ihren Monumenten kein Glück. Nur der große Torbogen von Tengiz' Koranschule ist noch in gutem Zustand; das für seine Frau errichtete Mausoleum mit herrlichen Stuckinschriften ist aber leider fast verfallen; die Monumente in Midan befinden sich entweder im Verfall oder wurden rücksichtslos modernisiert. Die Yalbogha-Moschee, die auf dem Mardscha-Platz stand, wurde in den 1970er-Jahren abgerissen, um einem geplanten gewaltigen Neubau zu weichen. Lediglich das gigantische Betonskelett ist bisher an dieser Stelle zu sehen, denn die Weiterarbeit wurde gestoppt, weil das neue Gebäude absinkt. Der Eingang der ursprünglichen Moschee wurde in den Garten des Nationalmuseums neben das dortige Café verlegt. Tengiz' Moschee (in der Nasser-Straße) wurde in eine Militärschule umgewandelt, und an der Stelle des Hauses, das er für sich selbst bauen ließ, des Goldpalasts, entstand der Azem-Palast (das heutige Museum für Folklore und Volkskunst).

Hingegen befindet sich die Tayruzi-Moschee mit ihren wunderbaren alten Fliesen und dem benachbarten Badehaus in einem leidlich guten Zustand. Möglicherweise hatten die älteren Monumente allzu sehr unter den Mongolen gelitten, denn noch einmal erstürmten sie 1401 – diesmal unter ihrem Anführer Tamerlan – Damaskus und verwüsteten die Stadt. „Damaskus, das so reich, so froh, so strahlend, so luxuriös, so grandios war, wurde zu einem Ruinenhaufen, einer Schuttwüste bar aller Schönheit und Kunst. Von den Lebewesen blieben nur noch teils verbrannte, von Staub entstellte und mit Fliegen bedeckte Leichen, die eine willkommene Beute für die Hunde waren", schrieb ein Chronist jener Zeit. Tamerlan verließ Damaskus nach drei Monaten und nahm Handwerker aller Fachrichtungen mit in seine Hauptstadt Samarkand: Metallarbeiter, die wussten, wie man die berühmten Damaszenerklingen schmiedete, Weber, Juweliere, Sticker, Teppichknüpfer, Sattler und viele andere sowie Beute, so viel die Lasttiere nur tragen konnten – und Gefangene.

Gegenüberliegende Seite: Typische schwarz-weiße Steinstreifen am Eingang zum Tayruzi-Hammam.

Nach einem Bürgerkrieg zwischen verfeindeten Thronanwärtern kehrten die Mamelucken zurück und errichteten wieder ihre Herrschaft, bis sie 1516 schließlich von einer neuen mächtigen Dynastie vernichtet wurden: den Osmanen. Der letzte Mameluckengouverneur von Damaskus, Sibai, errichtete eine Schule, eine Moschee und ein Grabmal gegenüber dem Eingang in die Gerade Straße. Er verwendete für diese Moschee so viel Material aus anderen Moscheen – Marmor, Stein, Säulen usw. –, dass sie den Beinamen „Moschee der Moscheen" erhielt.

Die Osmanen, so genannt nach ihrem Begründer Osman I. Ghazi (Regierungszeit 1281/1300–1326), waren ein in Zentralasien beheimatetes Turkvolk, deren Truppen unter der Führung seiner Sultane seit dem 14. Jahrhundert halb Europa, Ägypten und den größten Teil Nordafrikas eroberten, im Osten bis zum Kaspischen Meer vordrangen und im Süden die Arabische Halbinsel einnahmen. Dieses gewaltige Reich wurde von dem in Konstantinopel residierenden Sultan regiert, seine Beamten aber, ebenfalls Türken, kamen aus den verschiedensten Reichsterritorien wie etwa Albanien, Serbien oder Griechenland. „Wir in Europa, die wir von der Türkei sprechen, als wäre es ein homogenes Reich, könnten ebenso gut, wenn wir von England sprechen, dabei an Indien denken, an die Shan-Staaten, an Hongkong und Uganda", meinte die Reisende Gertrude Bell 1905.

Der osmanische Sultan Selim I. (1512–1520) besetzte im Herbst 1517 Damaskus und wohnte am Tag nach seinem Einzug den Freitagsgebeten in der Omaijaden-Moschee bei, wo der große Kadi (Richter) ihn zum siegreichen Diener der heiligen Städte Medina und Mekka ausrief. Fortan trugen die Sultane auch den Kalifentitel. Mit ihrer Rolle als Wächter der heiligen Stätten des Islam trugen die osmanischen Sultane die Verantwortung für die Sicherheit der jährlichen Pilgerreise nach Mekka, den so genannten Hadsch. Dabei kam Damaskus eine zentrale Bedeutung in der islamischen Welt zu, denn als letzter „Hafen" vor der endlosen Weite der Wüste wurde die Stadt zum offiziellen Sammelpunkt für Pilger aus dem Norden und dem weit entfernten China im Osten. Spätere osmanische Gouverneure von Damaskus wurden mindestens ebenso an ihrer Fähigkeit ge-

(Fortsetzung Seite 56)

Schmuckfliesen

Die ältesten Fliesen, die man heute noch in Damaskus findet, stammen aus der Mameluckenzeit und sind vermutlich Arbeiten reisender Handwerker aus dem Iran. Besonders schöne Beispiele finden sich an der Tayruzi-Moschee.

Der osmanische Sultan Süleiman entsandte Fliesenleger aus der Türkei zu Restaurierungsarbeiten am Felsendom in Jerusalem und zum Bau seiner neuen Takiyya-Moschee in Damaskus. Sie führten auch Arbeiten an anderen Projekten aus und trugen wesentlich zur Entstehung einer eigenen Fliesenindustrie in Damaskus bei, die ihre Blütezeit im 16. und 17. Jahrhundert erreichte. Auch wenn die Damaszener Fliesen nie die Kunstfertigkeit der Fliesen aus Iznik in der Türkei erreichten, so haben sie doch ihren eigenen Reiz. Beispiele syrischer Fliesen kann man in London im Leighton House und im Victoria and Albert-Museum besichtigen.

Oben: Herrliche blau-weiße Fliesen in der Tayruzi-Moschee, die in den 1420er-Jahren in der bekannten Ghaybi-Werkstatt entstanden.

Gegenüberliegende Seite: Wechselspiel von Steinmetzarbeiten und Fliesen ergänzen sich am Eingang zur Moschee von Sinan Pascha. Sie stammen aus dem späten 16. Jahrhundert.

Oben: Damaszener Fliesen im Innenhof der Moschee von Derwisch Pascha, Ende des 16. Jahrhunderts.

Gegenüberliegende Seite: Aus dem 16. Jahrhundert stammt diese herrliche Wand aus Fliesen im Grabmal von Muhi al-Din Ibn Arabi.

الله محمد ابو بكر عمر
العزة لله
علي
عثمان
علي

Gegenüberliegende Seite: Alte Damaszener Fliesen und ein gekachelter Ofen, die in den 1930er Jahren im Bait Araqtandschi wieder verwendet wurden.

Oben: Diese Damaszener Fliesen in Saladins Grab wurden bei Restaurierungsarbeiten im 17. Jahrhundert verwendet.

Oben: Ein gekachelter Mihrab (Gebetsnische) in der Moschee von Derwisch Pascha.

Gegenüberliegende Seite: Wandtafel in Form einer Gebetsnische aus Damaszener Fliesen in der Moschee von Derwisch Pascha.

الله
یا ناظراً المثال نعل نبیه قبل مثال النعل لا متکبرا
وامسح بوجهك نعلاً ادمته قدم النبي مروحاً ومبكرا

messen, einen sicheren Hadsch zu gewährleisten, wie an ihren militärischen oder politischen Fähigkeiten.

Zu den ersten Maßnahmen Selims gehörten die Vorbereitungen zum Bau einer neuen Moschee über dem Grab des angesehenen andalusischen Sufischeichs Muhi al-Din (auch bekannt als Ibn Arabi) in Salihiyya; sie wurde rechtzeitig fertig, sodass er vier Monate später, ehe er Damaskus verließ, noch darin beten konnte. In Salihiyya steht heute noch diese Moschee mit dem Mausoleum aus herrlichen blauen und weißen Damaszenerfliesen und dem angenehm geschäftigen Treiben eines Ortes, an den zahlreiche Pilger zum Gebet kommen. Dicht um sie herum drängt sich der Freitagsmarkt – so genannt, weil er zu den wenigen Märkten gehört, die an diesem Tag geöffnet sind. Zur Erhebung von Steuern ordnete Selim eine Volkszählung an, die ergab, dass Damaskus zu dieser Zeit annähernd 55 000 Einwohner hatte. Der Sultan kehrte nach Konstantinopel zurück und ließ Damaskus mit einem osmanischen Gouverneur, einem Hauptrichter und Schatzmeister sowie osmanischen Soldaten und einigen Zivilbeamten zurück. Diese Beamten wurden häufig ausgewechselt, damit sie nicht zu mächtig wurden; selbst ein Gouverneur blieb in der Regel nur etwa ein Jahr im Amt.

Auf Sultan Selim I. folgte sein Sohn Süleiman II. (1520–1566), auch unter dem Namen „der Prächtige" berühmt. Ihm verdankt Damaskus sein wohl herrlichstes Bauwerk: die Takiyya al-Sulaimaniyya. Sie wurde von dem großen türkischen Architekten Sinan entworfen und an der Stelle von Baibars' Ablaq-Palast errichtet, den der Mongole Tamerlan zerstört hatte. Sie war für die Hadsch-Pilger gedacht, die traditionellerweise auf den Feldern entlang des Barada übernachteten. („Ein schöner Fleck", kommentierte Josias Porter in seinem Exemplar von Murrays *Handbook for Travellers in Syria and Palestine* von 1858, „und wenn er durch das Lager der Pilgerkarawane belebt wird – ihre Pferde, Zelte und mannigfaltigen Gewänder –, dann gibt es nur wenige Orte rund um die Altstadt, die einen Besuch eher verdient hätten.")

Mit dem Takiyya-al-Sulaimaniyya-Komplex hatten die Pilger einen Ort zum Beten und zur Verpflegung, Unter-

Oben: Männer bei der Waschung vor dem Mittagsgebet im reizvollen Innenhof der Moschee des osmanischen Gouverneurs Sinan Pascha.

Gegenüberliegende Seite: Die Moschee Takiyya al-Sulaimaniyya mit den schlanken zylindrischen Minaretten geht auf einen Entwurf des berühmten Baumeisters Sinan zurück und wurde Mitte des 16. Jahrhunderts errichtet.

kunft und medizinischen Behandlung. „Ein großes Krankenhaus oder ein Gasthof, in dem die Karawanen wohnen", so beschrieb der englische Reisende John Green den Ort 1736. „Es hat die Atmosphäre eines Klosters. Sein erstes Geschoss besteht aus langen, von Marmorsäulen getragenen Galerien. Die Zimmer sind wie in einem Dormitorium angelegt, eines nach dem anderen. ... Der Hof ist mit verschiedenfarbigem Marmor gepflastert, und in der Mitte befindet sich ein Marmorbecken, das mit Wasser aus dem Barada gespeist ist."

Der Nachfolger Süleimans des Prächtigen, sein Sohn Selim II. (1566–1577), ergänzte den Komplex durch eine Medrese, die heute Schauplatz eines reizvollen Handwerkersuk ist.

Trotz der üblicherweise kurzen Amtszeit errichteten die osmanischen Gouverneure zahlreiche heute noch existierende Moscheen, Khans oder Suks in Damaskus. Derwisch Pascha, Großwesir in Konstantinopel, wurde 1571 zum Gouverneur ernannt; er ließ die Moschee erbauen, die wegen ihrer herrlichen Fliesen bekannt und nach ihm benannt ist. In diesem Bauwerk wurde er auch bestattet. Er ließ auch den al-Harir-Khan (Seiden-Khan) errichten, eine heute noch bestehende Karawanserei, obwohl sie wie viele alte Khane von den Läden verdeckt wurde. Sinan Pascha (nicht mit seinem Namensvetter, dem Architekten Sinan, verwandt), ein anderer ehemaliger Großwesir, wurde 1587 zum Gouverneur ernannt. Auch er errichtete zahlreiche Bauwerke in Damaskus; sein berühmtestes Werk ist die prachtvolle Moschee am Eingang der Geraden Straße, deren Minarett mit grünen Ziegeln ausgekleidet ist. Isabel Burton nannte sie „die hübscheste Moschee in der Stadt", aber um diesen Titel konkurriert sie mit der al-Fathiyya-Medrese im Qaimariyya-Bezirk hinter der Omaijaden-Moschee. Diese bemerkenswerte Religionsschule und Moschee wurde 1743 von Fathi Falaqinsi erbaut, einer der herausragendsten Persönlichkeiten von Damaskus. Fathi entstammte einer ortsansässigen Weberfamilie, wurde Daftardar (Schatzmeister) und so mächtig, dass man ihn zu seiner Zeit scherzhaft als Sultan von Damaskus bezeichnete. Er besaß einen raffinierten Geschmack; davon zeugen seine Moschee und der Hammam in der Midan-Straße mit seiner immer noch sehenswerten Fassade, auch wenn das Gebäude über viele Jahrzehnte hinweg vernachlässigt wurde.

Fathi ist berühmt dafür, wie er vor dem damaligen Gouverneur Süleiman Pascha al-Azem seine Popularität und Macht zur Schau stellte, indem er seiner Tochter ein ungewöhnlich aufwändiges Hochzeitsfest ausrichtete, und das nur wenige Tage, nachdem der Gouverneur ein eher bescheidenes Fest anlässlich der Beschneidung seines Sohnes veranstaltet hatte. Fathis Feier dauerte sieben Tage; an jedem Tag wurde eine andere Gruppe von Gästen eingeladen: Es kamen der Gouverneur mit seinen Beamten; die Ulema

Gegenüberliegende Seite: Innenraum eines der schönsten Bauwerke von Damaskus: der 1743 erbauten al-Fathiyya-Medrese in Qaimariyya.

Unten: Die einstmals prächtige Fassade des von Fathi Falaqinsi Daftardar erbauten Hammam in Midan.

(religiösen Führer), führende Militärangehörige, Kaufleute, Christen und Juden, Bauern, und am letzten Tag die Prostituierten.

Fathi führte sich wie ein Gouverneur auf, er ließ Straßen pflastern, Moscheen reparieren und hoffte wohl, eines Tages selbst Gouverneur zu werden. Dies blieb dem amtierenden Gouverneur Asad Pascha al-Azem, Süleimans Nachfolger, nicht verborgen, sodass er schließlich vom Sultan die Genehmigung erhielt, sich seines Widersachers zu entledigen. Möglicherweise hatte auch al-Azems Versprechen nachgeholfen, dem Sultan im Fall von Fathis Tod einen Anteil aus dessen Vermögen zu zahlen. Die Azems waren die berühmtesten Gouverneure von Damaskus: Obwohl die Familie im 18. Jahrhundert mit einigen Unterbrechungen siebenunddreißig Jahre lang regierte, war sie nicht osmanischer, sondern syrischer Herkunft. Sie stammte aus der Stadt Ma'arat al-Nu'man, wo sie sich beim Sultan zum ersten Mal in Gunst setzte, weil sie die Wüstenstämme unter Kontrolle hielt. Ismail al-Azem war der Erste seiner Familie, der Gouverneur in Damaskus wurde. Er ließ eine Schule, ein Bad im al-Khayyatin-Suk und ein Kaffeehaus bauen. Die Idee des Kaffeehauses kam im 16. Jahrhundert erstmals in Damaskus auf und fand rasche Verbreitung, was möglicherweise nicht überrascht, denn wie der britische Botschafter in Damaskus 1838 bemerkte: „Die Vergnügungen der Arbeiterklasse sind von schlichter und ruhiger Art; was die Männer betrifft, so beschränken sie sich darauf, im Freien zu rauchen . . ." Die Kaffeehäuser von Damaskus wurden berühmt, nahezu jeder Besucher berichtete von ihnen, vor allem von den Etablissements am Baradaufer. Henry Maundrell, der 1697 durch Syrien reiste, beschrieb ein „Kaffeehaus, in dem vier- oder fünfhundert Menschen bewirtet werden können . . . rundum umgeben von einem großen, ruhigen Fluss und

beschattet von Matten und Bäumen. Hier trafen wir zahlreiche Türken auf Diwanen, die es sich an diesem angenehmen Ort gut gehen ließen."

Isabel Burton berichtete von einem ähnlichen Kaffeehaus, wo sie sah, wie Männer einem der traditionellen Geschichtenerzähler, einem Hakawati lauschten, während sie Kaffee aus winzigen Tassen schlürften und ihre Narghilas (Wasserpfeifen) rauchten. Im Nawfara-Kaffeehaus hinter der Omaijaden-Moschee hält der letzte Hakawati von Damaskus immer noch sein Publikum in Bann, wenn er abends die alten Märchen erzählt. Eines von ihnen, die Liebesgeschichte von Antar und Abla, erinnert verblüffend an Shakespeares *Othello*.

Auf Ismail al-Azem folgte als Gouverneur von Damaskus sein Sohn, Süleiman, der den großen, nach ihm benannten Khan in der Geraden Straße erbauen ließ. Dieser Khan diente insbesondere der Lagerung von Pottasche, einem wichtigen Exportartikel aus Syrien, der vor allem an die Seifen- und Glashersteller in Marseille ging. Pottasche wurde durch Auslaugen von Pflanzenasche und anschließendes Eindampfen in Töpfen („Pötten") gewonnen. Dafür wurde eine bestimmte, in Syrien heimische Pflanze verwendet, und Süleiman hatte als Gouverneur das Monopol auf die Herstellung.

1743 zog Asad Pascha, Süleimans Bruder, als Gouverneur in Damaskus ein und behielt dieses Amt ungewöhnliche 18 Jahre lang. In dieser Zeit war er verantwortlich für zwei der bedeutendsten Bauwerke der Stadt: den Azempalast und den Asad-Pascha-Khan im al-Buzuriyya-Suk. Der Khan zeigt sich als wahrhaft atemberaubendes Bauwerk – sein großer Innenraum mit den hohen Bögen aus schwarzen und weißen Steinstreifen wirkt fast surreal. Als Alphonse de Lamartine ihn 1833 sah, schrieb er: „Ein Volk, dessen Architekten in der Lage sind, ein solches Monument zu entwerfen, ist für die Kunst nicht unempfänglich." 1759, nur fünf Jahre nach der Erbauung, stürzten drei der Kuppeln bei einem schweren Erdbeben ein; sie wurden danach mit Holz gedeckt. In seiner Glanzzeit diente der große Khan von Asad Pascha als Hotel, Lagerhaus und Handelszentrum mit Läden im Erdgeschoss rund um den Innenhof und Büros im ersten Stock. Lamartine berichtet, jeder Geschäftsmann von Rang in Damaskus habe dort ein Zimmer gemietet, und Charles Addison, ein Engländer, der Damaskus einige Jahre nach Lamartine besuchte, schrieb, es seien „zwei englische Kaufleute in diesem Khan untergebracht". Der Khan behielt seine ursprüngliche Funktion bis ins 20. Jahrhundert hinein und wurde in den 1990er-Jahren restauriert. Heftig umstritten war jedoch seine künftige Nutzung. 1998 fiel schließlich

(Fortsetzung Seite 64)

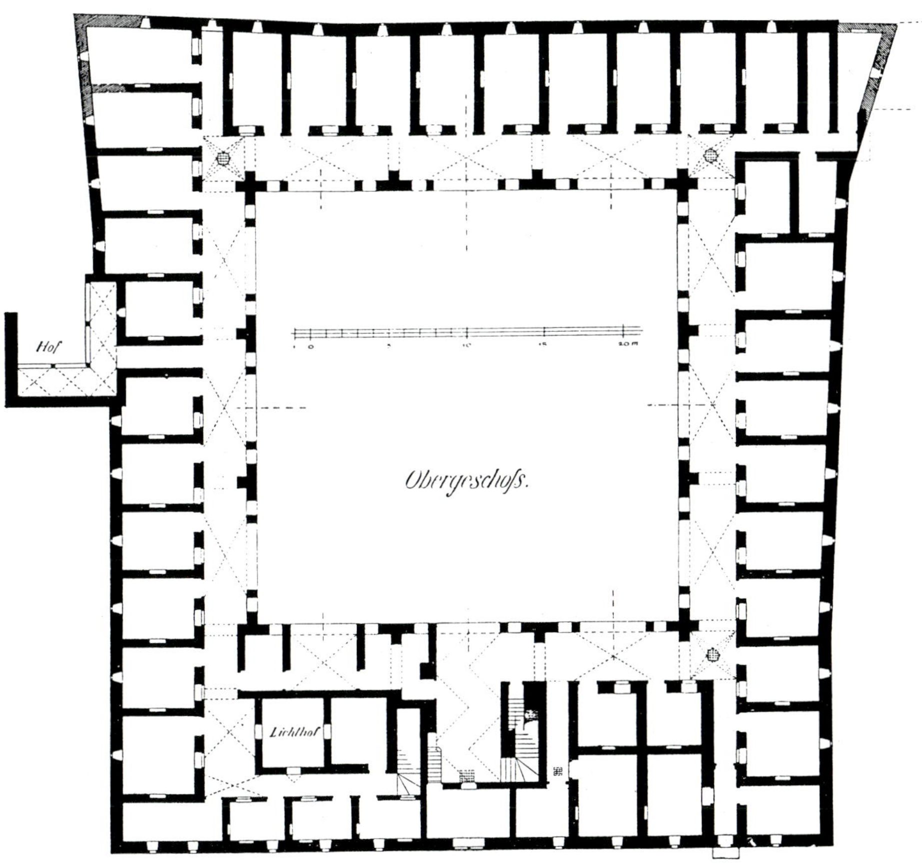

Gegenüberliegende Seite: Kaffeehäuser gibt es in Damaskus seit dem 16. Jahrhundert. Zu den begehrten Standorten zählte die Lage entlang dem Flussufer, wie dieser Stich aus dem 19. Jahrhundert zeigt.

Oben: Das bekannteste Kaffeehaus im heutigen Damaskus ist das Nawfara (rechts) hinter der Omaijaden-Moschee; auf diesem Foto am frühen Morgen ist es geschlossen.

Links: Plan des oberen Stockwerks des Asad-Pascha-Khans. Den zentralen Innenhof säumen Zimmer, Läden und Büros.

Folgende Doppelseite: Ein spektakulärer Blick auf die kürzlich restaurierten gestreiften Bögen und bemalten Kuppeln des Asad-Pascha-Khans.

der Entschluss, in seinen Räumen das Naturkundemuseum von Damaskus unterzubringen, obwohl viele Stadtbewohner in ihm lieber Kaffehäuser und Läden gesehen hätten.

Asad Paschas lange Herrschaft über Damaskus war nur möglich, weil es ihm gelungen war, jedes Jahr den Hadsch nach Mekka und zurück ohne ernsthafte Zwischenfälle durchzuführen – ein Umstand, der für das Prestige des osmanischen Sultans als Führer der islamischen Welt von überragender Bedeutung war. Pilgerfahrten waren auch in wirtschaftlicher Hinsicht ein äußerst wichtiger Faktor, denn abgesehen davon, dass jeder Pilger etwas mit sich nahm, was er unterwegs verkaufen konnte, um seine Reise zu finanzieren, begleiteten zahlreiche Kaufleute den Pilgerzug, der zusätzliche Sicherheit beim Marsch durch die Wüste gewährleistete. Die Händler brachten Getreide, Olivenöl, Waffen, Textilien, Seifen und Dörrobst nach Mekka und kehrten sowohl mit Waren aus Arabien wie etwa Kaffee zurück als auch mit Erzeugnissen aus dem fernen Indien: Musselin, Seide, Kaschmirschals, Edelsteine, Gewürze, Arzneien, Indigo, Kampferarabikum; für einige dieser Waren waren Damaskus und Istanbul nur ein Umschlagplatz auf dem weiteren Weg in den Westen.

Die Pilgerfahrt nach Mekka gehört zu den Pflichten eines jeden gläubigen Muslim; sie ist eine der fünf Säulen des Islam (die übrigen sind die Schahada – das Bekenntnis des Glaubens an einen Gott –, Fasten, Beten und das Austeilen von Almosen). Um mit den Worten von Guy Strange, einem englischen Gelehrten des 19. Jahrhunderts, zu sprechen: „Sie machte aus jedem Muslim zwangsläufig mindestens einmal in seinem Leben einen Reisenden.“ Seit die Araber die Stadt Mekka 635 erobert hatten, versammelten sich jedes Jahr Pilger in Damaskus, um sich gemeinsam auf die gefährliche Reise nach Mekka zu begeben. Zahlreiche Berichte über die Baudenkmäler und das Leben in Damaskus in frühen Zeiten stammen von Autoren, die selbst diese Reise unternommen hatten, so etwa von Ibn Dschubair, der 1185 aus Spanien kam, und Ibn Battuta 1355 aus Nordafrika.

Unter den Osmanen entwickelte sich der Hadsch zunehmend zu einer wohl organisierten Unternehmung. Gouverneure von Damaskus wurde von der zuvor üblichen Pflicht, den Sultan auf seinen Feldzügen zu begleiten, befreit und stattdessen zum *Emir al-Hadsch* (Patron der Pilgerfahrt) ernannt; gelegentlich begleiteten sie die Pilger und trugen die gesamte Verantwortung für deren Sicherheit. Das war kein einfaches Unterfangen: In der Wüste trieben räuberische Beduinen ihr Unwesen, die bestochen oder bekämpft werden mussten. Die Wüstenstämme konnten gnadenlos sein; sie blockierten die Brunnen, sodass die Pilger langsam verdursteten, beraubten sie ihres Besitzes und ließen sie in der Wüste sterben. Selbst 1927 stellten die Beduinen offenbar immer noch eine Gefahr dar, wie nachfolgende Begebenheit belegt. William Seabrook, ein amerikanischer Reisender, der im Hotel Victoria in Damaskus abgestiegen war, beobachtete, wie ein Touristenpaar mit dem Auto zu einem Ausflug startete. Einige Stunden später waren sie wieder zurück: „Der wütende Herr kam zu Fuß, dazu noch barfuß und bis auf ein Leintuch nackt, wie Gott ihn schuf. Seine Frau ritt auf einem Esel, den sie sich am Stadtrand geborgt hatte. Sie hatte Rock und Bluse anbehalten dürfen. Dass sie überhaupt zurückkehren konnten, verdankten sie ihrer Vernunft, keinen Widerstand zu leisten."

Die Pilger des Hadsch waren nicht nur den Beduinen ausgeliefert, sondern auch den Unbilden der Natur. Flutartige Überschwemmungen rissen sie mit, Schneestürme verschütteten die Karawane, qualvolle Hitze trocknete die Reisenden bis zur Erschöpfung aus, und manchmal verirrte sich eine ganze Karawane. Viele Pilger kehrten überhaupt nicht mehr von diesem gefährlichen Weg zurück: 1694 starb ein gewisser Yusuf al-Nabulsi in einer Sommernacht in den Armen seines Bruders, eines berühmten Mystikers aus Damaskus mit Namen Abd al-Ghani, doch die Karawane, die wegen der Hitze nachts weiterzog, hielt wegen eines Todesfalls nicht an; die Leichen wurden mitgenommen und erst beim nächsten Halt begraben.

Der Hadsch war ein kühnes Unterfangen, und jedes Mal, wenn eine Karawane Damaskus verließ, wartete die Stadt mit angehaltenem Atem auf Nachrichten von ihrem Schicksal. Auf der Rückreise wurde ein Kurier vorausgeschickt, um der Stadt mitzuteilen, dass die Pilger unterwegs waren. Die ganze Einwohnerschaft strömte daraufhin aus den Häusern auf die Straße, um die Rückkehrer als Helden willkommen zu heißen.

Von Damaskus aus brauchte man zu Fuß – bei einem Gehrhythmus von etwas über drei Kilometern pro Stunde –

Gegenüberliegende Seite: Der Asad-Pascha-Khan mit Händlern und Waren auf einem Stich aus dem 19. Jahrhundert.

Oben: Der Süleiman-Pascha-Khan bei der Geraden Straße, der gegenwärtig restauriert wird.

Folgende Seiten: Stich aus dem 19. Jahrhundert darstellend ein Lager von Hadsch-Pilgern bei der Moschee Takiyya al-Sulaimaniyya.

fünfunddreißig Tage bis nach Mekka, und nach einer Woche, in denen die Rituale des Id al-Kabir zelebriert wurden, wieder fünfunddreißig Tage zurück. Die Zahl der Pilger schwankte von Jahr zu Jahr, doch manchmal waren es bis zu zwanzigtausend Menschen, die sich auf den weiten und beschwerlichen Weg durch die Wüste machten, nebst Tausenden von Eseln, Pferden und Kamelen. Auf dem Rückweg begleiteten sie die „Pilgerfeger", die dafür sorgten, dass es keine Nachzügler gab, und hinter ihnen folgten die Schakale und Hyänen, die nach Nahrung suchten. Das Risiko war mitunter so groß, dass im Jahr 1711 zweitausend persische Pilger, die in Damaskus eintrafen, nachdem sich die Karawane schon in Bewegung gesetzt hatte, beschlossen, in Damaskus zu bleiben und ein Jahr bis zur nächsten Pilgerfahrt abzuwarten.

Die meisten Pilger versammelten sich in Damaskus schon einige Wochen vor dem Abreisetermin; sie lagerten in der Nähe der Takiyya al-Sulaimaniyya oder logierten in Khanen, Schulen oder Privathäusern, während sie Vorräte für die Reise sammelten. „Auf dem Markt werden in aller Eile Waren für unterwegs erworben", schrieb der englische Gelehrte und Reisende Charles Doughty, der mit der Karawane mitritt. Es gab Handbücher, in denen die Pilger erfuhren, was zu tun war. Eines von ihnen, Kitab al-Munassiq, führte an, dass Damaskus über ebenso hervorragende wie zahlreiche Märkte verfüge, über reichlich Früchte, öffentliche Bäder mit sauberem fließendem Wasser, angenehme Spazierwege und elegante Kaffeehäuser.

Nahte der Tag der Abreise, verließen die Pilger die Stadt über die Midanstraße in einer karnevalsähnlichen Prozession, wobei sie von ganz Damaskus, wo an diesem Tag die Arbeit ruhte, begleitet wurden. Derwische wirbelten umher, Händler verkauften alle nur erdenklichen Nahrungsmittel und Getränke, Schwerttänzer tanzten, während sie klirrend ihre Klingen gegeneinander stießen, Trommeln wirbelten und selbst Frauen zweifelhaften Rufes traten auf, „mit beiseite geschobenen Schleiern … wobei sie rot geschminkte Wangen und mit Kajal schwarz umränderte Augen zeigten …", so berichtete Isabel Burton, die die Karawane zwei Tage lang begleitete und die Reihenfolge der Reisenden aufzeichnete: erst der Hauptführer und seine Begleiter, dann die Artillerie, dann die Zelte der Beamten, Pilger, Soldaten, Händler und Marketender, dann eine Kavalleriegruppe gefolgt vom Basar und den sunnitischen Pilgern, dann der Emir al-Hadsch mit seinem Hofstaat, gefolgt von dem Mahmal (dem heiligen Emblem jeder Pilgerreise – einer geschmückten Sänfte, die von einem großen Kamel getragen wurde); danach kamen der Schatzmeister und sein Gefolge sowie ein zweiter Reitertrupp gefolgt von den schiitischen und den persischen Pilgern, und schließlich bildeten die Dromedarreiter die Nachhut. Mrs. Burton war fasziniert: „Ich muss gestehen, der Hadsch ist das bei weitem interessanteste Zeremoniell oder Schauspiel, das ich je sah und auf äußerst pittoreske Art das bei weitem grandioseste." Entsprechend urteilt Murrays *Handbook*: „Der Aufbruch zum Hadsch ist ein Anblick, den sich jeder Palästinareisende ansehen sollte, wenn er es einrichten kann, in Damaskus zu sein . . ."

Gegenüberliegende Seite: Den jährlichen Teppichmarkt in Damaskus organisieren Pilger aus dem Kaukasus, die ihren Hadsch noch auf dem Landweg unternehmen.

Das war die Pilgerfahrt, die fantastische Glaubensreise, die Gouverneur Asad Pascha al-Azem vierzehn Jahre lang sicher anführte. 1757 aber wurde er abgesetzt, und im Jahr darauf wurde die Karawane unter dem neuen Gouverneur von den Beduinen angegriffen und nahezu ausgelöscht; sogar die Schwester des Sultans wurde dabei getötet. Asad Pascha wurde beschuldigt, den Angriff organisiert zu haben, um seinen Nachfolger in Misskredit zu bringen; er wurde enthauptet, sein sagenhafter Reichtum und seine großen Ländereien wurden vom Sultan beschlagnahmt. Der letzte Azem-Gouverneur im 18. Jahrhundert, Abdullah Pascha, war weniger „dynamisch" als Asad Pascha, hielt aber die Macht trotzdem bis 1783 mehr als zehn Jahre lang in seinen Händen – eine seltene Meisterleistung, zumal es in der Region zu dieser Zeit stürmisch zuging. Er ließ die bezaubernde Abdullah-al-Azem-Medrese bauen, die heute einen Andenkenladen beherbergt.

Isabel Burton machte sich Sorgen wegen des neuen Suezkanals und der Bedrohung durch die Eisenbahn. Diese modernen Verbindungswege, so fürchtete sie, würden dem traditionellen Hadsch und den uralten Zeremonien ein Ende bereiten. Sie behielt Recht: 1908 wurde in Damaskus die Hidschaz-Eisenbahnlinie eigens zu dem Zweck eröffnet, die Pilger nach Mekka zu bringen. Hidschaz ist die Provinz in Saudiarabien, in der Mekka und Medina liegen. Die Stadt blieb aber Sammelpunkt der Pilger. Erst die Luftfahrt setzte der Rolle, die Damaskus für den Hadsch gespielt hatte, ein Ende – heute fliegen Pilger aus den verschiedensten Ländern direkt nach Mekka. Mit einer Ausnahme: Der Zusammenbruch der Sowjetunion hatte zur Folge, dass die muslimischen Länder im Kaukasus heute ihre Angelegenheiten selbst regeln können, und plötzlich – seit 1992 – wurde Damaskus wieder Gastgeberin für Tausende von Pilgern, die aus diesen Bergstaaten den Hadsch auf dem Landweg unternehmen. Etwa zwei Wochen, ehe sie in Mekka zu den Id-Ritualen anwesend sein müssen (das Datum wechselt von Jahr zu Jahr je nach dem Mondkalender) treffen ihre stark ramponierten Schlafbusse mit der grünen Flagge des Islam in Damaskus ein, und die Pilger veranstalten vor der Ansari-Moschee in Bab Musalla einen riesigen Teppichmarkt. Streift man unter den wachsamen Augen der Dagestanen, Tschetschenen oder

Osseten in ihren ungewohnten Trachten zwischen den Hunderten von Teppichen umher, dann spürt man etwas von dem Zauber, der hier vor hundert Jahren geherrscht haben muss.

Jahrhundertelang war Damaskus eine Stadt, die den Reisenden aus dem Abendland mehr oder weniger verschlossen blieb. 1832 aber sollte ein Ereignis alles Bisherige ändern: Die Ägypter marschierten in Syrien ein, und acht Jahre lang wurde Damaskus von einem ägyptischen Pascha regiert, der sehr viel weltoffener als seine Vorgänger war. Ausländer waren willkommen, und der Handel mit dem Ausland wurde gefördert. 1840 mussten die Ägypter das Land zwar wieder verlassen, aber die neue Ordnung hatte sich durchgesetzt und wurde zusätzlich durch drastische Reformen im osmanischen Reich (*Tansimat*) verstärkt. In Damaskus setzte der Handel mit Europa jetzt erst richtig ein, und die Agenten, die die ausländischen Gesellschaften vertraten, brachten es bald zu Wohlstand und Reichtum. Das Problem dabei war, dass diese Agenten fast durchweg aus den Angehörigen der christlichen oder jüdischen Gemeinden ausgewählt wurden. Dieser Umstand sowie die neuen Gesetze, die diesen Gemeinden große Vorteile einräumten, riefen zunehmend den Unmut der Muslime hervor. Um diese Zeit wurden in Damaskus ausländische Konsulate eröffnet (die Briten waren die Ersten), und man setzte als Honorarkonsuln Einheimische ein – dies waren stets Christen oder Juden. Selbst wenn der Konsul Ausländer war (in diesem Fall Brite), wurden die Christen und Juden offen gefördert und geschützt. Der Bowring-Report von 1840 dokumentiert schon früh die wachsende Spannung in der Stadt: „Die Lage der Christen hat sich verbessert … Sie sind vergleichsweise besser dran als die Muselmanen, die nichts gewonnen und viel verloren haben – höhere Steuern, stärkere Unterdrückung, strengere Vorschriften … der intensivere Kontakt mit Europäern hat auf Seiten der Regierung wie der Bevölkerung … insgesamt gesehen den Stolz und die Zuversicht der Muselmanen verringert."

1860 schlug der Unmut plötzlich in Wut und Gewalt um: In Damaskus griffen einige Muslime Christen an, töteten dabei Tausende und setzten deren Häuser in Brand. Zahlreiche Muslime versuchten, das Gemetzel zu beenden. Viele kamen den Christen zu Hilfe, aber selbst die Konsulate (mit Ausnahme des britischen, das sich als Einziges nicht im christlichen Bezirk befand) fielen Plünderungen zum Opfer. Das ganze christliche Viertel wurde verwüstet. Die europäischen Staaten waren entsetzt und schockiert und riefen nach Vergeltungsmaßnahmen. Der Sultan entsandte daraufhin seinen wichtigsten Minister, der sich mit den Folgen dieser Unruhen auseinandersetzen sollte. Das Ergebnis war, dass der osmanische Gouverneur zusammen mit Dutzenden anderen Personen gehängt wurde, und viele kamen ins Gefängnis. Henry Jessup, der damals in Beirut als Missionar wirkte, berichtet darüber wie folgt: „Wir haben beobachtet, wie mehrere Gruppen von Muslimen, hundert, zweihundert, fünfhundert, unter anderem Söhne der ranghöchsten Familien, gefesselt nach Beirut gebracht wurden, um von

Oben: Lawrence von Arabien in Damaskus auf dem Balkon des Victoria Hotels (das nicht mehr existiert).

Gegenüberliegende Seite: Foto von Emir Feisal, aufgenommen bei der Pariser Friedenskonferenz von 1919 (vermutlich von der Frau des amerikanischen Präsidenten Woodrow Wilson).

dort in die verschiedensten Teile des osmanischen Reichs geschickt zu werden." Die Christen wurden entschädigt, ihr zerstörtes Viertel wurde wieder aufgebaut, und die Europäer, allen voran die Franzosen, erlangten noch mehr Zugang und Einfluss in Syrien.

Zu Beginn des 20. Jahrhunderts verstärkte sich der Wunsch der Araber, das osmanische Joch abzuschütteln und die Unabhängigkeit zu erlangen. Es entstanden Freiheitsbewegungen, die von den Behörden verfolgt wurden – in Damaskus ließ der osmanische Gouverneur Jamal Pascha im Mai 1916 junge syrische Nationalisten öffentlich auf dem Mardscha-Platz hängen. Bei Ausbruch des 1. Weltkriegs verbündete sich das Osmanische Reich mit Deutschland, sodass es den Briten leicht fiel, die Araber davon zu überzeugen, dass dies eine einmalige Chance für einen Aufstand gegen die Hohe Pforte sei. Darüber hinaus wurde den Arabern Unabhängigkeit in ihrem Gebiet zugesagt, falls die Türkei unterliegen sollte. Der arabische Aufstand brach im heutigen Saudiarabien aus; danach gelang es der arabischen Armee, der verschiedene Stämme angehörten und die den Beistand von Lawrence von Arabien hatte, ihre türkisch-deutschen Feinde durch das heutige Saudiarabien und Jordanien zurückzudrängen, bis die arabische Armee am 1. Oktober 1918 schließlich in Damaskus einzog.

„Damaskus war außer sich vor Freude", schrieb Lawrence. „Die Männer warfen ihre Tarbusche (Feze) mit Jubelrufen in die Luft; die Frauen rissen die Schleier von sich. Hausbesitzer warfen Blumen, Vorhänge und Teppiche vor uns auf die Straße; ihre Frauen lehnten sich schreiend und lachend durch die Gitter und besprengten uns schöpflöffelweise mit Düften."

Die Freude währte nicht lange. Die Alliierten nahmen ihre Versprechungen zurück und teilten das ehemalige Osmanische Reich unter sich auf. Nach dem Sieg über die Osmanen setzten die Briten zunächst Feisal als König von Syrien (und Jordanien) ein. Ein arabischer Nationalkongress bestätigte ihn in diesem Amt. Mittlerweile hatte Frankreich die Macht in Syrien an sich gerissen und stützte sich auf das Mandat des Völkerbundes. Feisal musste noch im selben Jahr ins britische Exil fliehen. Die Franzosen blieben sechsundzwanzig Jahre, die sie bitter bereuen sollten. 1926 brach ein Aufstand der Drusen gegen die Franzosen aus, der jedoch brutal niedergeschlagen wurde, wobei es zum Beschuss und zur teilweisen Zerstörung der Altstadt kam.

Während des 2. Weltkriegs war Damaskus Schauplatz eines bizarren Konflikts zwischen der Vichy-Regierung in Frankreich, die über Syrien (wie während des Krieges über alle französischen Kolonien) herrschte und dem freien Frankreich unter Führung von General De Gaulle. Aus Angst, den Deutschen könnte Syrien als Basis für Operationen im Nahen Osten eingeräumt werden, griffen die freien französischen Truppen Damaskus 1941 mit Unterstützung britischer, indischer und australischer Soldaten an. Die Vichy-Regierung verteidigte die Stadt mithilfe nordafrikanischer Truppen aus ihren Kolonien. In den Wein- und Obstgärten des heutigen Vororts Mezze tobte ein erbitterter Kampf um die Kontrolle über Damaskus; viele Soldaten kamen um und liegen auf den Soldatenfriedhöfen der Briten, des Commonwealth und Frankreichs. Die Kämpfe endeten mit dem Sieg der Truppen des freien Frankreich, und am 1. 1. 1944 wird die Unabhängigkeit Syriens ausgerufen.

Afrikaner und Inder sterben in Syrien in einem Kampf, der zwischen Franzosen ausgetragen wird – das klingt seltsam, ist aber in gewisser Weise doch lediglich ein weiteres Kapitel in der Geschichte eines uralten Landes, in dem Phönizier und Aramäer, Nabatäer, Assyrer, Perser, Griechen, Römer, Byzantiner, Kreuzfahrer, Türken, Ägypter, Mamelucken und Osmanen einander bekriegt hatten. Es ist daher kein Wunder, dass der namhafte britische Historiker der Kreuzzüge, Sir Stephen Runciman, einmal bemerkte, die Geschichte dieser Region sei eine Geschichte des Kriegs.

1945, als die Franzosen kurz vor ihrem endgültigen Abzug aus Syrien standen, erwiderten sie von ihren Baracken auf dem Hügel aus, wo heute der Präsidentschaftspalast steht, gegen sie gerichtete Angriffe mit Granatbeschuss auf die Stadt: Zahlreiche bedeutende Bauwerke wurden beschädigt oder zerstört. Im Jahr darauf, 1946, räumten die französischen und die noch verbliebenen britischen Truppen das Land, sodass Syrien mit Damaskus als Hauptstadt nun die volle Unabhängigkeit erlangte. Heute zählt Damaskus mehr als vier Millionen Einwohner. Murrays *Handbook* zieht folgendes Resümee: „Das Erstaunlichste an der Geschichte dieser Stadt ist wahrscheinlich, dass sie unter jedem Dynastiewechsel und unter jeder Regierungsform florierte. Man kann sie wahrlich die Ewige Stadt nennen."

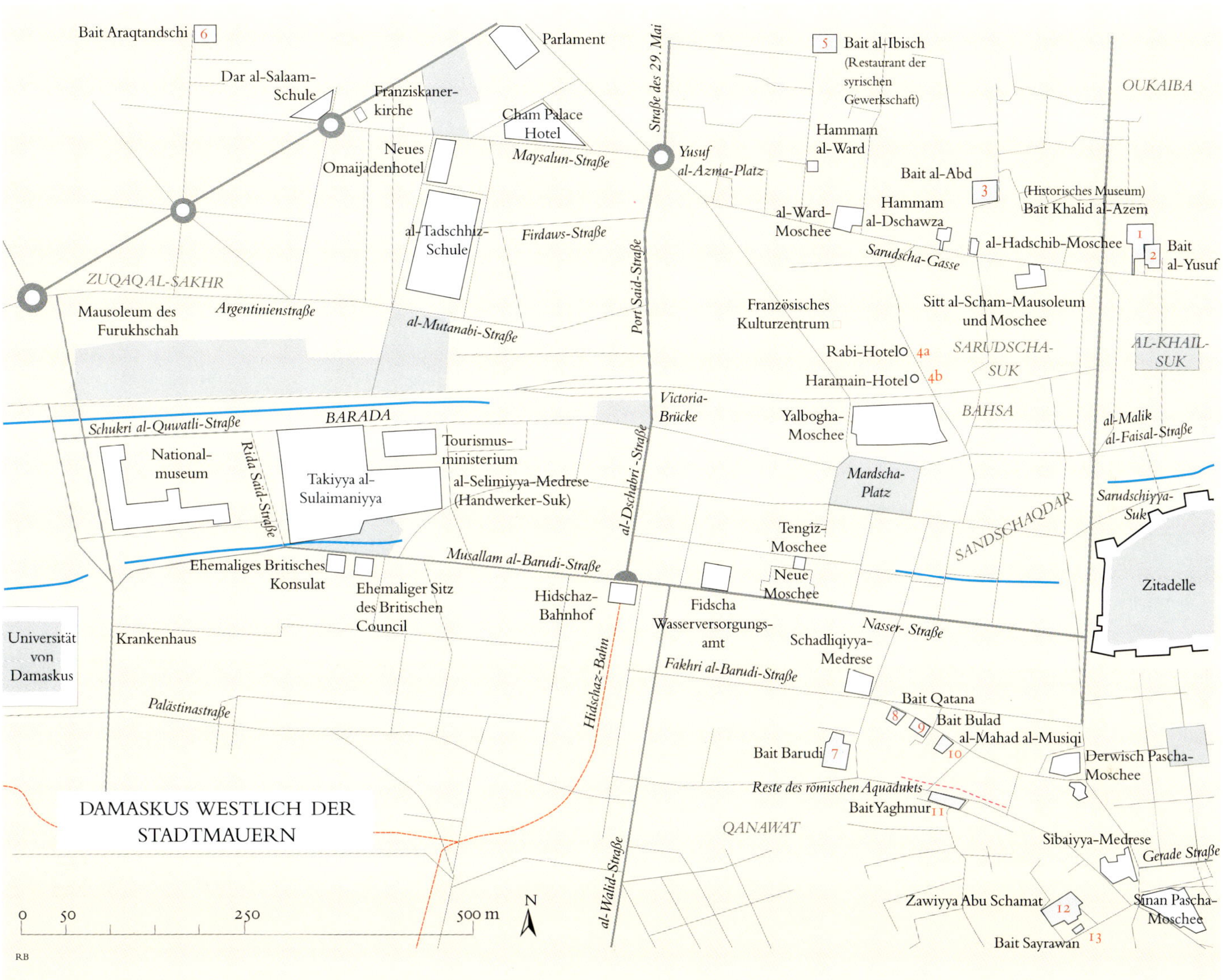

Damaskus westlich der Stadtmauern. Siehe Erklärung der Karten auf Seite 219.

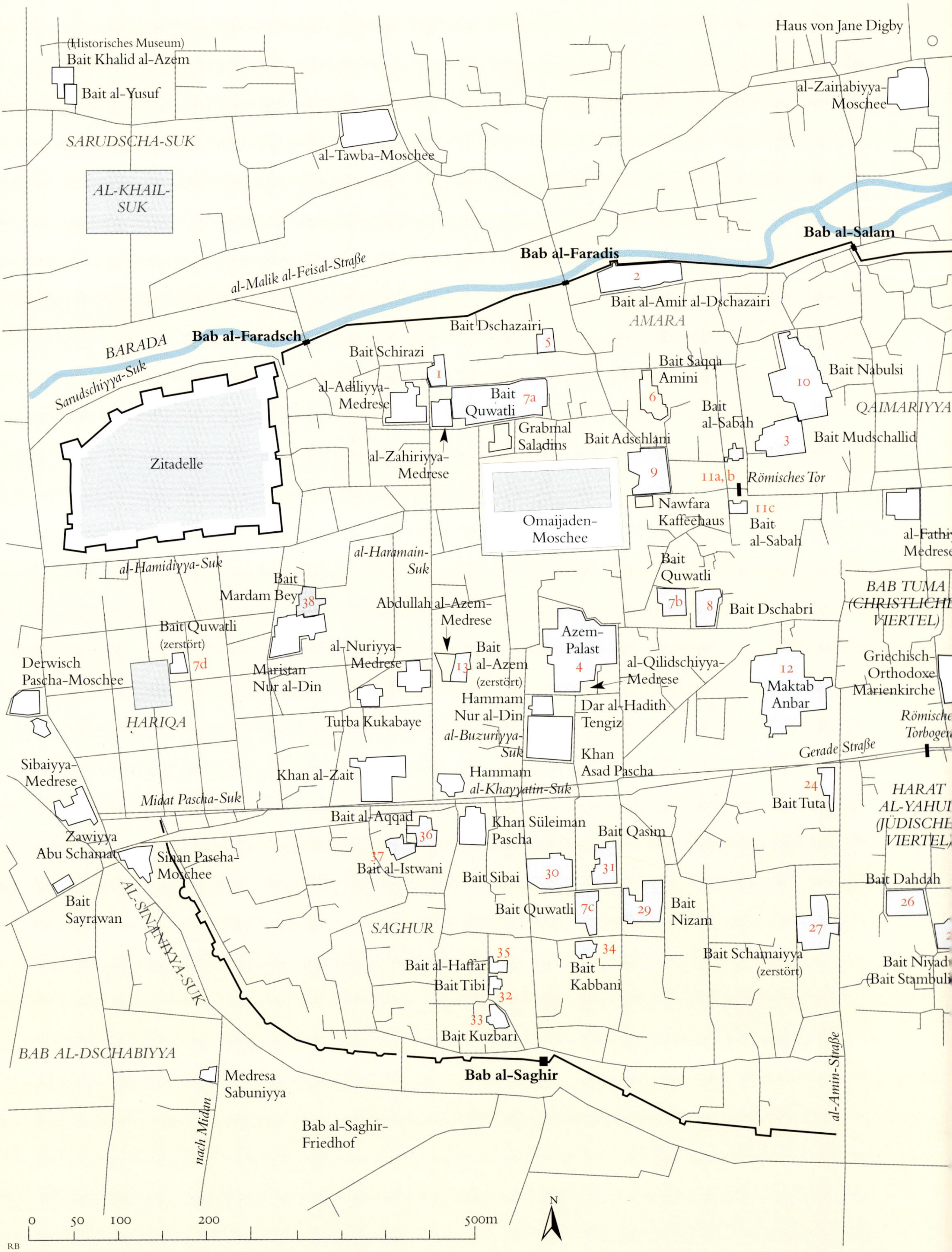
(Historisches Museum)
Bait Khalid al-Azem
Bait al-Yusuf
SARUDSCHA-SUK
AL-KHAIL-SUK
al-Tawba-Moschee
Haus von Jane Digby
al-Zainabiyya-Moschee
Bab al-Salam
Bab al-Faradis
al-Malik al-Feisal-Straße
2
Bait al-Amir al-Dschazairi
AMARA
Bait Dschazairi
5
BARADA
Bab al-Faradsch
Sarudschiyya-Suk
Bait Schirazi
1
al-Adiliyya-Medrese
Bait Quwatli
7a
Bait Saqqa Amini
6
10
Bait Nabulsi
QAIMARIYYA
Bait al-Sabah
3
Bait Mudschallid
Grabmal Saladins
Bait Adschlani
Zitadelle
al-Zahiriyya-Medrese
9
11a, b
Römisches Tor
Omaijaden-Moschee
Nawfara Kaffeehaus
11c
Bait al-Sabah
al-Fathiy Medrese
al-Hamidiyya-Suk
al-Haramain-Suk
Bait Quwatli
BAB TUMA (CHRISTLICHE VIERTEL)
Bait Mardam Bey
38
Abdullah al-Azem-Medrese
7b
8
Bait Dschabri
Bait Quwatli (zerstört)
7d
al-Nuriyya-Medrese
Bait al-Azem (zerstört)
13
Azem-Palast
4
al-Qilidschiyya-Medrese
12
Maktab Anbar
Griechisch-Orthodoxe Marienkirche
Derwisch Pascha-Moschee
Maristan Nur al-Din
Hammam Nur al-Din
Dar al-Hadith Tengiz
HARIQA
Turba Kukabaye
al-Buzuriyya-Suk
Römische Torbogen
Gerade Straße
Khan Asad Pascha
Sibaiyya-Medrese
Khan al-Zait
Hammam al-Khayyatin-Suk
24
Bait Tuta
HARAT AL-YAHUD (JÜDISCHE VIERTEL)
Midat Pascha-Suk
Bait al-Aqqad
36
Khan Süleiman Pascha
Bait Qasim
Zawiyya Abu Schamat
Sinan Pascha-Moschee
37
Bait al-Istwani
30
Bait Sibai
31
Bait Dahdah
26
Bait Sayrawan
AL-SINANIYYA-SUK
Bait Quwatli
7c
29
Bait Nizam
27
SAGHUR
35
Bait al-Haffar
34
Bait Kabbani
Bait Schamaiyya (zerstört)
Bait Niyad (Bait Stambuli)
Bait Tibi
32
33
Bait Kuzbari
BAB AL-DSCHABIYYA
Bab al-Saghir
Medresa Sabuniyya
al-Amin-Straße
nach Midan
Bab al-Saghir-Friedhof
N
0
50
100
200
500m
RB

Damaskus innerhalb der Stadtmauern. Siehe auch Beschreibung der Häuser auf Seite 219.

Mihrabs und Nischen

Der Mihrab, eine Gebetsnische in einer Moschee, ist nach Mekka ausgerichtet und der zentrale Ort der Gebetshalle. Ähnliche Nischen finden sich aber auch in den alten Häusern von Damaskus, wo sie neben religiösen wohl auch praktischen Zwecken dienten – zur Aufbewahrung der Wasserpfeifen und Wasserkrüge für die Gäste. In der Regel sind die Nischen üppig dekoriert.

Oben links: Eine Nische im Bait al-Istwani mit in Stein gemeißeltem Muqarnas- („Stalaktit"-)Bogen.

Oben rechts: Marmormosaik und Säulen einer Nische im Bait Farhi.

Gegenüberliegende Seite: Bemaltes und vergoldetes Muqarnas-Gesims aus Holz und Muqarnas-Steinmetzarbeit einer Nische im Bait Bulad, gerahmt von farbigem Pastendekor.

Gegenüberliegende Seite: Perlmuttintarsien, Marmormosaik und Steinmetzarbeit bilden die überwältigenden Schmuckelemente dieser Nische im Bait Nizam.

Unten: Diese Nische in Baibars' Grab ist ein Beispiel eleganter mameluckischer Steimetzarbeit.

Rechts: Verschiedene Steindekorationen an der Nische im Bait Schirazi.

Unten rechts: Holzbemalung und Steinmetzarbeit (spätes 19. Jahrhunderts) im Bait Barudi.

Paläste und Menschen

Damaskus ist wie die Frauen, die ich jeden Morgen vor unserem Lager sehe und die ihre bestickten Kleider mit billigen Baumwollschleiern bedecken: Die Stadt hält ihre Schätze verborgen und bietet dem europäischen Besucher, der durch ihre Straßen geht, nur einen trüben Anblick von fensterlosen Mauern, die schmale Gassen bilden …

Anonym, *Extraits du Journal d'un Voyage en Syrie au Printemps de 1860*

Der größte Schatz von Damaskus aber ist der Prunk seiner Privathäuser.

Reverend Josias Leslie Porter, *Five Years in Damascus*, 1855

Nichts vermag dem Engländer eine Vorstellung von einem wirklich guten Empfangsraum in Damaskus zu vermitteln …

Isabel Burton, *The Inner Life of Syria, Palestine, and the Holy Land*, 1864

Linke Seite: Prunkvoll bemalter Empfangsraum im Bait Qwatli (c).

Oben: Isabel, die Gattin des britischen Konsuls Burton, 1869.

Folgende Seite: Üppig dekorierter Empfangsraum im Bait Qwatli (a).

Übernächste Seite: Detailansicht des Empfangsraums im Bait Schirazi.

Die Altstadt von Damaskus hat zweitausend Jahre überlebt – selbst Erdbeben, Brände, Invasion, Raub und Plünderung, Bürgerkrieg, Pest, Heuschreckenplagen und Dürre vermochten sie nicht über längere Zeit hinweg in die Knie zu zwingen. Nach jeder Katastrophe wurden die Häuser wieder aufgebaut, öffentliche Gebäude instand gesetzt, die Bevölkerungszahl wuchs wieder und die Stadt ging aus allem erneut als die hervor, die sie gewesen war. Das 20. Jahrhundert aber brachte eine neue, unerwartete Katastrophe mit sich, die verheerender war als alles zuvor Dagewesene und die die Altstadt in ihrer heutigen Form möglicherweise nicht mehr überleben wird. Dabei sieht es auf den ersten Blick ganz harmlos aus: Es handelt sich lediglich darum, dass die Wohlhabenden und Reichen, die Angehörigen der Mittel- und Oberklasse von Damaskus, die Altstadt verließen und in Appartements und Villen zogen, die im moderneren Teil der Stadt entstanden. In den 1930er-Jahren kam H.V. Merton, ein Reiseschriftsteller auf den Spuren des hl. Paulus, nach Damaskus und befand: „Die Altstadt hat einen unsanften Zusammenprall mit dem Westen erlitten in Form von französischen Straßenbahnen, Telegrafen- und Telefondrähten, Grammophonen, Renaults und zahlreichen neuen Gebäuden.“ Man könnte auch sagen, es war ein unsanfter Zusammenprall mit dem 20. Jahrhundert, der das Leben, das mit den ruhigen, harmonischen Hofhäusern der Altstadt verschwand, so dramatisch veränderte.

Traditionellerweise lebten in Damaskus zwei, drei oder gar vier Generationen einer Familie zusammen. Jeder Sohn brachte seine Braut in das Haus seiner Eltern, wo ihnen ein

(Fortsetzung Seite 84)

Links: Bemalter Empfangsraum im Bait Barudi, der gegenwärtig restauriert wird.

Unten: Innenhof des ursprünglichen Wohnsitzes des verstorbenen Nihzar Kabbani.

Gegenüberliegende Seite: Iwan und gepflasterter Innenhof des Bait Mardam Bey.

an den Innenhof angrenzender eigener Raum zugewiesen wurde. Mutter, Schwiegertöchter, ledige Schwestern und Tanten beteiligten sich mehr oder weniger alle an der Hausarbeit, je nachdem, wie viele Diener zur Verfügung standen, und sie verließen außer zu Familienbesuchstagen oder zu einem Besuch im benachbarten Hammam nur selten das Haus. Im Winter zog die ganze Familie der Wärme wegen in den ersten Stock des Hauses, musste aber in der Regel weiterhin die im Erdgeschoss liegende Küche und Toilette benutzen.

Heute wollen Söhne und Töchter nicht mehr bei ihren Eltern wohnen. Sie wollen unabhängig sein, träumen von Wohnungen, die sich leicht und schnell sauber halten, gut heizen und kühlen lassen. Die Vorstellung, in einem Haus zu wohnen, in dem man den Hof – unter Umständen bei Schnee oder Regen – überqueren muss, um in ein anderes Zimmer zu gelangen, schreckt heutzutage eher ab, ebenso die Vorstellung, wegen der engen Gassen nicht mit dem Auto bis an die Haustür vorfahren zu können.

Als Richard Burton 1896 seinen Dienst als britischer Konsul in Damaskus antrat, machte sich seine Gattin Isabel auf die Suche nach einer Wohnung und war – wie so viele andere auch – hin- und hergerissen, ob sie in die Altstadt ziehen sollten oder nicht. „Man hat in Damaskus irgendwie das Gefühl, im Gefängnis zu sein, da die Tore der Stadt bei Sonnenuntergang geschlossen werden; auch die Fenster der Harems sind verbarrikadiert und vergittert. Andererseits", fügte sie zögernd hinzu, „sind die Interieurs so grandios, so pittoresk und so orientalisch, dass sie in einem den Wunsch wecken, einen ‚weißen Marmorpalast' zu besitzen." Schließlich entschied sie sich für ein Haus außerhalb der Stadtmauern, im Salihiyya-Viertel, das damals ein separates Dorf war, inzwischen aber längst Teil der modernen Großstadt ist. (Es gab zwar auch dort an den Fenstern der Häuser jene traditionellen hölzernen Gitter, die sie so klaustrophobisch fand, aber sie entfernte diese und baute aus ihnen einen Hühnerstall im Garten.)

Die Altstadt von Damaskus mit ihren traditionellen Häusern weckt ein Gefühl tiefer Wehmut und der berühmte syrische Dichter Nizar Kabbani bekannte, dass die Schönheit seines väterlichen Hofhauses ihn in seinem Werk inspiriert habe. So etwa heißt es in seinem Gedicht „Brief an meine Mutter":

Damaskus bei Nacht, Damaskus aus Jasmin,
Die Häuser von Damaskus
Finden ein Heim in unseren Herzen.

Die Minarette werfen Licht auf unsere Reisen.
Es ist, als trügen wir die Minarette der Omaijaden in uns,
Als dufteten die Apfelgärten in unserer Fantasie.
Als hätten Licht und Steine
uns alle begleitet.

In ihrem Roman *Sabriya, Damascus Bitter Sweet* beschreibt die bekannte syrische Schriftstellerin Ulfat Idilbi wehmütig den Innenhof im Haus ihrer Heldin: „Schneeweiße Blüten ergießen sich in gefrorenen Kaskaden die Wände herab. Rote Rosen erklimmen den Bogen des Iwan. Gelber Jasmin quillt über das Spalier … im Teich spiegelt sich das Bild des Mondes, und der Sprühregen des Springbrunnens bringt einen melodischen Klang hervor …“ Siham Tergemans Buch *Daughter of Damascus* ist ein Liebesbrief an die Altstadt, ihre Hausierer, ihre Maultiere und ihre bezaubernden Häuser „gebaut aus Lehm, Wasser, Holz, Stroh, Farben, Steinen, Marmor, buntem Glas, Blumen, Poesie und Liebe“. Ironischerweise aber leben all diese Schriftsteller und viele andere, die diese Leidenschaft für die Altstadt teilen, im neuen Teil der Stadt. Vielleicht aber sollte man darüber gar nicht so sehr erstaunt sein und sich vielmehr wundern, wie die Reichen

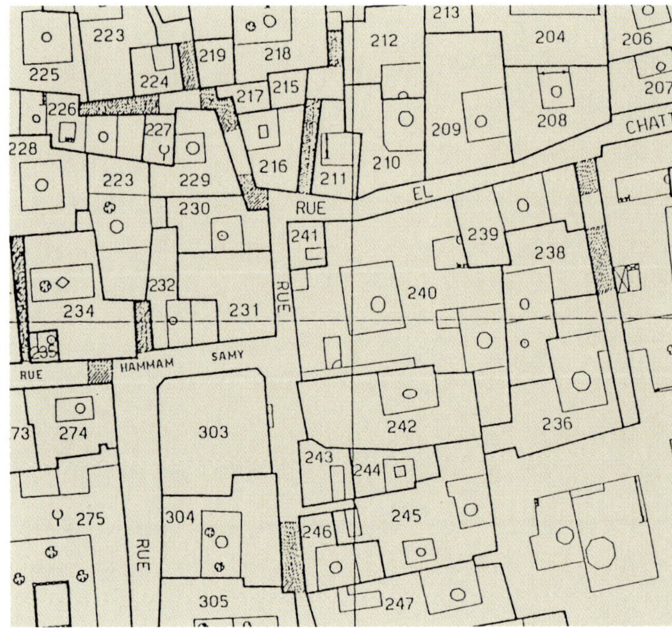

Oben: Kleiner Ausschnitt aus dem französischen Katasterplan von Damaskus.

Unten: Blick über die Dächer von Damaskus; Foto aus dem frühen 20. Jahrhundert.

Gegenüberliegende Seite: Die Erdgeschosse der Häuser in der Altstadt von Damaskus sind meist aus Stein gebaut, die Stockwerke darüber aus Lehm und Holz.

und Mächtigen von einst die Unbequemlichkeiten der Hofhäuser ertragen haben.

1936, als Syrien von den Franzosen besetzt war, legten die Ingenieure der Armee einen detaillierten Katasterplan der Altstadt an – ein Werk von unschätzbarem Wert, in dem auf einer Karte jedes Haus mit Innenhof, Brunnen und Bäumen genau erfasst ist. Es entstand das verblüffende Porträt einer Stadt, in der es keine Parks gab, keine breiten Straßen, keine offenen Plätze, keinen Kreisverkehr, keine Aussichtspunkte oder Durchblicke; stattdessen gab es ein dichtes Gewirr von Flecken aus großen und kleinen aneinander stoßenden Quadraten, in denen die Kreise der Brunnen wie ein gesticktes Ornament wirkten. Diese Karte zeigt, dass jedes Haus mindestens einen Innenhof und nahezu jeder Hof einen Brunnen besaß. Zudem vermittelt sie eine weitaus bessere Vorstellung davon, was innerhalb der alten Stadtmauern liegt, als wenn man versuchte, zu Fuß durch die Pfade, Gässchen und Gassen zu streifen.

John Green, ein Engländer, der Damaskus 1736 besuchte, beschrieb das Geheimnisvolle der Häuser wie folgt: „Zur Straße hin sieht man nichts außer den großen Mauern mit Fenstern. Aber so gewöhnlich sie nach außen hin auch wirken mögen, innen sind sie üppig mit Gemälden und Ver-

Oben: Blick in den inneren, der Familie vorbehaltenen Innenhof, den Haramlik im Maktab Anbar.

Rechts: Die Sonne strahlt in den bezaubernden Innenhof von Bait Schatta.

goldungen verziert." Seine Beschreibung trifft immer noch zu. Bei einem Gang durch die Gassen der Altstadt gleitet auch heute der Blick nur über kahle Mauern zu beiden Seiten, nichts lässt erahnen, dass man an Märchenpalästen mit einer atemberaubenden Innenausstattung vorübergeht. Kein Kulissenbauer im Theater wäre in der Lage, eine solche Wirkung zu erzielen, wie sie den Besucher erwartet, wenn er aus den dunklen Straßen plötzlich in diese von Licht durchfluteten Hofhäuser mit ihren Springbrunnen, Bäumen, Singvögeln, Marmorböden und üppigen Verzierungen eintritt.

Jahrhunderte hindurch haben Reisende ihre Überraschung zum Ausdruck gebracht angesichts dieses verblüffenden Kontrasts und gerieten darüber geradezu ins Schwärmen. George William Curtis, ein Amerikaner, der Damaskus 1852 besuchte, bekannte recht pathetisch: „Seid ihr, wenn ihr durch diese Straßen geht, enttäuscht über diese abweisenden Mauern? Erbebt ihr vor Angst, der Traum von Damaskus könne sich durch Damaskus selbst auflösen? Oh, welch schwacher Glaube! Jedes Haus in Damaskus ist ein Paradies." Dann beschreibt er ein bestimmtes Haus, das er besichtigen durfte (es gehörte einem jüdischen Kaufmann): „Ein Traumpalast . . . Die Szenerie war ein in Musik gesetztes Gedicht. Das Licht des opalen Tages strömte in den geräumigen Hof . . . Eine großer Marmorbrunnen stand im Zentrum dieses Platzes, in den sich aus Fontänen auf märchenhafte Weise summende Wasserrinnsale ergossen. Das Pflaster bestand aus einem Mosaik aus glänzend poliertem Marmor. An den Wänden standen große Blumentröge . . . und der mit Marmor ausgelegte Brunnen war von glitzernden, rankenden, blühenden Pflanzen eingefasst. Das Laub der Rosen, Zitronen- und Orangenbäume ging ineinander über, ihre Blüten bildeten dichte Trauben und erfüllten den Sonnenschein mit Duft. Gazellen standen oder liefen im Hof umher . . . und in den duftenden Bäumen sangen die Vögel. Etwas erhöht vom Hof und völlig offen befanden sich leicht gewölbte Alkoven mit Teppichen und Diwanen aus kostbaren Stoffen. Die Wände und Decken dieser Alkoven waren mit traumhaften Arabesken bemalt. Eine solches Heim muss man sich zwangsläufig vorstellen wie die Wohnungen in Lanes illustrierter 1001 Nacht . . ."

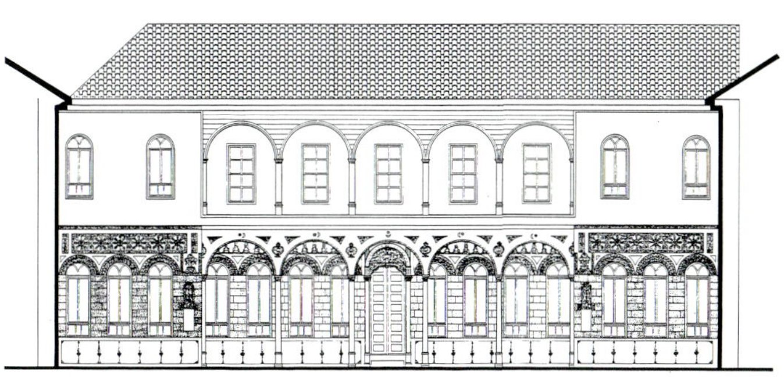

Links: Blick durch die gemeißelte Steinarkade des Maktab Anbar.

Oben: Architekturzeichnung der Innenfassade von Maktab Anbar mit der Arkade.

Oben rechts: Eine Seite des Empfangsraums im Bait Lisbona mit geschnitzten und vergoldeten Türen, die typisch für die erste Hälfte des 19. Jahrhunderts sind.

Lamartine, der 1833 in Damaskus weilte, sah sich die üppigen Empfangsräume im Herrenhaus eines Muslims, eines Agha, an und errechnete, dass die Innenausstattung eines jeden Zimmers bis zu 100 000 Piaster gekostet haben musste: „Europa besitzt nichts Prachtvolleres." Eugène-Melchior de Vogüé, ein anderer französischer Reisender in Damaskus, beschrieb 1872 die Innenräume eines Hauses in Damaskus: „Es übersteigt die kühnsten Höhenflüge der Fantasie . . . alles ist Frische, Stille und Entzücken für die Augen." (Natürlich darf man nicht vergessen, dass diese Reisenden die Häuser zu ihrer Blütezeit erlebten und nicht in ihrem heutigen Zustand: Dornröschenpaläste, Jahrzehnte hindurch unbewohnt und ungepflegt.)

Die Eigentümer dieser großen Paläste waren zum größten Teil nicht, wie man annehmen könnte, die reichen Kaufleute der Stadt, denn zur Aristokratie von Damaskus – den „Notabeln", auf die sich diese Autoren in ihren Berichten oft beziehen –, zählten nicht die Geschäftsleute, sondern die religiöse und militärische Elite. So bemerkte John Bowring in seinem *Report on the Commercial Statistics of Syria*: „Der Kaufmann gehört selten zu den Notabeln. Diejenigen, die

die Macht des Schwertes und die Autorität des Buches innehaben, der Krieger und der Ulema, sind die beiden eigentlich herausragenden Gesichter der Gesellschaft."

Zu den „Kriegern" gehörten der Gouverneur von Damaskus und die Anführer der verschiedenen militärischen Gruppierungen, die in Damaskus stationiert waren, um den Frieden in dessen Auftrag zu erhalten, der gerade Syrien beherrschte. Die Ulema bildeten die religiöse Elite: muslimische Scheichs, Richter, Familien, deren Abstammung vom Propheten Mohammed anerkannt wurde (die so genannten Aschraf) und die Mystiker, die so genannten Sufis. Erst danach folgten in der Hierarchie die Kaufleute. Das heißt nicht, dass sie ärmer waren – im Gegenteil; sie genossen lediglich weniger Prestige und Macht. Eines der großen Häuser von Damaskus ist das Bait (das heißt „Haus") al-Aqqad, das die dänische Regierung gegenwärtig von Syrien gepachtet hat und restaurieren lässt, um hier das Dänische Institut in Damaskus einzurichten. Doch die Aqqad-Familie hat sich weder im religiösen Bereich hervorgetan, noch wird sie in historischen Dokumenten erwähnt; ihre Angehörigen waren lediglich erfolgreiche Textilhändler. Das Aqqadhaus befindet sich, vermutlich gerade wegen des Gewerbes der Familie, im Suk der Wollhändler, während zahlreiche Häuser, die religiösen Führern gehörten, um die große Moschee oder in ihrer Umgebung errichtet wurden.

Neben dem Bait al-Aqqad steht ein weiteres grandioses Haus, das Bait al-Istwani. Die Istwanis gehörten zu den herausragendsten religiösen Familien; nur von einem einzigen Angehörigen ist bekannt, dass er Ende des 18. Jahrhunderts Handel trieb, sodass es sich um das Haus des erfolgreichen Kaufmanns Abdullah al-Istwani handeln könnte.

In seinem Bericht von 1840 zählt Bowring die reichsten Kaufleute von Damaskus auf – darunter auch einen gewissen Mohammed Said al-Quwatli, dessen Vermögen sich auf eineinhalb bis zwei Millionen Piaster belaufen haben soll. So erklärt sich wahrscheinlich, weshalb mindestens vier Paläste in Damaskus Bait Quwatli heißen (in einem von ihnen war vor 150 Jahren das britische Konsulat untergebracht). Im 19. Jahrhundert hatten die Quwatlis zwar Geld, aber keine Macht, doch ein Jahrhundert danach stieg ein Mitglied der Familie, Schukri Quwatli, sogar zum Präsidenten von Syrien auf. Diese Episode zählt zu den interessanten Aspekten hinsichtlich der prominenten Familien von Damaskus: Die Namen, die damals berühmt waren, gehören auch heute noch zur Elite der Stadt.

Die alte muslimische Gesellschaft von Damaskus kannte keine Klassenunterschiede, was den Wohnort der Menschen betraf – Arm und Reich lebten Seite an Seite, so wie sie Seite an Seite auch beteten; Großfamilien und ihre Klans und Angehörige waren Nachbarn oder bildeten ganze Viertel. Doch die Altstadt insgesamt war – und ist – in drei Bereiche unterteilt: das muslimische Viertel im Westen, das christliche im Nordosten und das jüdische im Südosten. Der römische Halbbogen in der Mitte der Geraden Straße markiert mehr oder weniger die Grenze zwischen dem muslimischen Viertel und den beiden anderen Vierteln. „Die Straßen werden selten repariert und nie gereinigt, und regelmäßig bilden sich tiefe Furchen mit dunklem Schlamm und Pfützen mit schmutzigem Wasser", berichtete Isabel Burton und fügte etwas rührend hinzu: „Bei all meiner Liebe zu dieser Stadt weiß ich doch, dass es nicht die sauberste der Welt ist; aber

Gegenüberliegende Seite: Blick auf die bemalte Decke im Bait Lisbona; erkennbar ist ein Bogen, der den Empfangsraum in zwei Hälften gliedert.

Rechts: Die andere Hälfte des auf Seite 91 abgebildeten Empfangsraums vom Bait Lisbona. Hier am Eingang bestehen die dekorativen Elemente im Wesentlichen aus Stein, nicht aus Holz.

man kann in etwas so verliebt sein, dass man sich wünscht, es ändere sich nichts ..."

In früheren Zeiten wurden bei Sonnenuntergang nicht nur die neuen großen Tore der Innenstadt über Nacht geschlossen, sondern auch andere innerhalb der Innenstadt: „Mit ihnen werden die Muslime, Christen und Juden in ihre jeweiligen Viertel eingeschlossen", stellte Mrs. Burton fest.

Seit die Muslime Damaskus im Jahr 635 erobert hatten, besaßen die Christen und Juden eine besondere Position innerhalb der Gesellschaft: Als „Leute des Buchs" haben sie zum Teil dieselben Propheten wie die Muslime, die ebenfalls Maria und Jesus sehr verehren. Einer Legende zufolge sollen Jesus und Maria eine Zeit lang sogar im reizvollen Rabwatal in den Vororten von Damaskus gewohnt haben. Christen und Juden leisteten keinerlei Militärdienst, zahlten aber stattdessen ein Pfand – eine Art Steuer; sie konnten ihre Religion frei ausüben, hatten aber keinen Zugang zur Macht. Das hinderte sie freilich nicht daran, sich erfolgreich in ihren traditionellen Berufen als Buchhalter, Finanzberater, Bankiers und Geldverleiher zu betätigen, auch wenn sie ebenso wie ihre muslimischen Mitbürger den Stimmungen und Launen der Gouverneure und anderer Beamten ausgesetzt waren. Der reichste Mann Syriens zu Beginn des 19. Jahrhunderts war sogar ein Jude, Haim Farhi, ein Bankier und Berater des damaligen osmanischen Gouverneurs von Sidon und Damaskus, des berüchtigten „Schlächters" al-Dschazzar. Einige Jahre darauf hatte ein Christ, Hanna al-Bahri, in der kurzen Zeit, in der die Ägypter über Syrien herrschten, dieselbe Position für den Gouverneur von Damaskus inne.

Als sich im 19. Jahrhundert dem Westen der Handel mit Syrien erschloss, profitierten Christen und Juden davon in hohem Maße, denn sie und nicht die Muslime waren die bevorzugten Agenten und Partner der westlichen Händler. Diese Gemeinden kamen zu Reichtum und Wohlstand. Reverend Josias Porter berichtete 1855: „Die Juden von Damaskus sind nicht sehr zahlreich, aber aufgrund des ungeheuren Reichtums einiger der großen Familien sehr einflussreich." Um diese Zeit trafen zahlreiche Besucher aus dem Westen in Damaskus ein – in der Regel als Zwischenstation auf ihrer Reise in das Heilige Land. Alle wollten sie die legendären Paläste von Damaskus sehen, und da die Häuser der Muslime üblicherweise Fremden verschlossen waren und nicht besucht werden durften, zeigte man ihnen eben Häuser von Christen und Juden. Murrays *Handbook* von 1858 rät Reisenden: „Der alte Abu Ibrahim, der jüdische *Cicerone* [Führer] kann Reisende in jüdische Häuser bringen ... Sie sollten möglichst an Samstagen besucht werden ... dann sind sie sauber und man trifft ihre gut aussehenden regulären Bewohner vor Gold und Edelsteinen funkelnd an." Insgesamt befand Murrays *Handbook*, die jüdischen Häuser seien zwar mit großem finanziellem Aufwand dekoriert, es fehle ihnen aber „leider in jeder Hinsicht so etwas wie

Oben: Der Innenhof des Bait Farhi heute lässt seine einstige Pracht kaum noch erahnen. Das Haus wird heute von mehreren Familien bewohnt.

Gegenüberliegende Seite: „Beim Zitronenpflücken" nannte Sir Frederic Leighton diese Szene von 1873 im Bait Farhi. Die Bögen rechts führen zu einem weiteren Innenhof.

Geschmack". Dennoch charakterisierte er die jüdischen Paläste Bait Lisbona und Bait Farhi als außerordentlich schön. Die christlichen Häuser dagegen, „wenn auch denen der Juden an Größe unterlegen, übertreffen diese an Geschmack und Schönheit", und er führt Bait Schamiyya und Bait Fransa als positive Beispiele an. Das *Handbook* wies allerdings darauf hin, dass Besucher, die diese christlichen Häuser besichtigen wollten, durch einen ortsansässigen Freund in die betreffende Familie eingeführt werden müssten.

Lady Hester Stanhope, die englische Adlige und Abenteurerin, besuchte Damaskus 1812 und durfte zusammen mit ihrem geduldigen Begleiter und Arzt Meryon das Haus Farhi besichtigen. Dieser schrieb: „Beim Eintreten war das Auge wie benommen vom Glanz der Wände und Decken, die den Beschreibungen von Märchenpalästen ähnelten. Sie waren überall mit Scheinedelsteinen, Spiegeln, Vergoldungen und Arabesken bedeckt, der Boden bestand aus einem eleganten Mosaik. Die Pfeifen mit ihren Bernsteinmundstücken; die Kaffeetasse mit einem goldenen Zapfen, auf den Amber aufgesteckt wurde, um das Getränk zu parfümieren, wenn er sich auflöste; die bestickten Taschentücher, mit denen man sich den Mund abwischte, die strahlenden Farben und der edle Geruch von Scherbett entsprachen ganz der Würde des Hauses." Lady Hester hingegen, die jeden erstaunte, weil sie sich jeglichen Konventionen widersetzte und in die Altstadt ohne Schleier ritt, war ganz und gar nicht zufrieden mit der Unterkunft, die ihr im christlichen Viertel zugewiesen worden war (wie für Besucher aus Europa üblich). Sie verbrachte so viel Zeit in der Stadt, wie nötig war, um zu der Überzeugung zu gelangen, dass sie nicht „umgeben von Griechen und Armeniern" leben wollte; sie wollte den *echten* Orient, und so wurde der arme Dr. Meryon zum Gouverneur geschickt, um ihr eine Unterkunft im muslimischen Viertel zu besorgen. Man fand für die beiden ein herrliches Haus: „Es führte durch einen schmalen Gang zu einem rechteckigen, mit Marmor gepflasterten Hof. In dessen Mitte stand ein Becken im Schatten zweier hoher Zitronenbäume; ins Becken strömte aus zwei Messingschlangen unablässig frisches Wasser." In ihrem Palast in Damaskus hielt Lady Hester eine Zeit lang Hof – sie war über Nacht berühmt geworden, und jeder wollte sie sehen, ehe sie auf Abenteuerreise nach Palmyra aufbrach und von dort in den Libanon weiterreiste, wo sie den Rest ihres Leben verbrachte.

All die Häuser, die Murrays *Handbook* von 1868 empfahl, gibt es heute noch. Bait Lisbona – für Isabel Burton das zweitschönste Haus von ganz Damaskus (das schönste war für sie der Azempalast) – wird von seinem neuen Besitzer, einem Christen, zurzeit restauriert und möglicherweise in ein Hotel umgewandelt; die vier Innnenhöfe von Bait Farhi, in dem Dr. Meryon die Kaffeetassen mit goldenen Zapfen bewundert hatte, sind im Lauf der Jahre verfallen und werden heute von mehreren Bewohnern geteilt. Bait Fransa

Ganz oben und oben: Bait Niyadu (Bait Stambuli) heute und auf dem Foto von Bonfils aus den 1870er-Jahren.

Gegenüberliegende Seite: Bait Schamiyya, einst eines der stattlichsten christlichen Häuser, ist heute ein Kloster. Die Türen mit Intarsien führten zu einem Esszimmer, das in eine Kapelle umgewandelt wurde.

präsentiert sich immer noch als bezauberndes, elegantes kleines Haus mit herrlicher Täfelung im zentralen Empfangsraum. Bait Schamiyya (das nach der Zerstörung des christlichen Viertels 1860 noch prächtiger wieder aufgebaut worden war) ist heute eine Klosterschule; der große Esssaal im westlichen Stil wurde in eine Kapelle umgewandelt.

Als Isabel Burton sich in Damaskus aufhielt, ließ ein neureicher Jude, Yusuf Anbar, gerade ein weiteres bedeutendes Haus erbauen, das heute unter dem Namen Maktab Anbar bekannt ist. Damals ging das Gerücht umher, er sei als Diener nach Indien gezogen und mit Diamanten im Fez von dort zurückgekehrt. „Es ist moderner im Stil", urteilte Isabel Burton, „und gefällt mir daher nicht sosehr. Der modische Luxus ist üppig, aber zu üppig. Lisbona ist so geschmackvoll wie es alt ist." Mrs. Burton berichtet weiter, Yusuf Anbar habe „alle alten Mietshäuser in der Nachbarschaft aufgekauft, um für sein Haus so viel Grund und Boden wie möglich zu haben; leider lässt er auch die geschnitzten Holzverzierungen und alten Ornamente verbrennen, in denen er weder Anmut noch Schönheit entdecken kann, und hat für mein Herzweh nur ein Lachen übrig." Schließlich aber war Yusuf Anbar nicht in der Lage, seine Steuern zu zahlen, und daher wurde das Haus von den osmanischen Behörden 1890 konfisziert und in eine Schule umgewandelt (daher der Name Maktab, Schule). Nachdem die syrische Regierung es hatte restaurieren lassen, wurde es 1986 als Sitz des Komitees zur Erhaltung der Altstadt wieder eröffnet und kann problemlos besichtigt werden.

Bis zur Gründung des Staates Israel 1948 hatte es in Damaskus für die Juden nie Probleme gegeben. Sie lebten in einer muslimischen Stadt wie die übrigen religiösen Minderheiten auch – und wie sie es in Kairo, Istanbul oder Bagdad getan hatten. 1948 zogen einige jüdischen Familien nach Israel, und ihre Häuser wurden in den meisten Fällen neuen palästinensischen Flüchtlingsfamilien zugewiesen. 1993 erhielten alle in Syrien lebenden Juden von der syrischen Regierung Ausreisevisa. Jüdische Organisationen in Amerika übten starken Druck auf sie aus, Syrien doch zu verlassen, und einem ihrer Gemeindeführer zufolge wurden ihnen hierbei große finanzielle Anreize geboten. Die meisten der viertausend Mitglieder zählenden jüdischen Gemeinde von Damaskus ließen sich zur Ausreise überreden; zurück blieb eine winzige Gruppe von etwa hundert Menschen. Inzwischen würden die meisten offenbar gern wieder zurückkehren, aber da sie ihre Häuser und Geschäfte verkauft haben, ist das nicht mehr so einfach.

Die Juden waren berühmt für ihre Metallarbeiten, vor allem für die komplizierte Kunst der Silber- oder Goldeinlegearbeiten in andere Metalle. Die besten Beispiele dafür sind die Thorarollen, die in der ältesten Synagoge von Damaskus im Bezirk Dschobar aufbewahrt werden. Doch die letzten Metallhandwerker verließen das Land 1998, und was auf diesem Gebiet heute in Damaskus dargeboten wird, erreicht bei weitem nicht denselben Standard.

Der Iwan eines anderen christlichen Hauses:
Bait Fransa im Bab Tuma-Bezirk.

Das größte verlassene jüdische Viertel von Damaskus verändert sich, seine Grenzen lösen sich auf, da die Muslime und Christen die alten Gebäude übernehmen. Bait Niyadu, ein berühmtes Gebäude, das früher unter dem Namen Bait Stambuli bekannt war, weil die Besitzer aus Istanbul stammende Juden waren, befindet sich heute im Besitz eines schiitischen Scheichs, der es leidenschaftlich liebt. „Ist es nicht ein Paradies?" fragte er uns, als wir eines Abends in dem geräumigen, elegant ausgestatteten Hof saßen und Trauben von dem Weinstock über unseren Köpfen aßen, während der Springbrunnen plätscherte, Jasminduft durch die Luft zog und die Enkel immer wieder aus dem Haus kamen.

Damaskus war offenbar stets berühmt für den Prunk der von den Herrschern der Stadt errichteten Paläste. Die Aramäer sollen einen so üppig ausgestatteten Palast gehabt haben, dass der assyrische König, nachdem die Aramäer 796 v. Chr. von den Assyrern besiegt worden waren, persönlich in die Stadt kam, um die Siegesbeute einzusammeln. Unter byzantinischer Herrschaft gab es einen großen Palast unweit der Geraden Straße, den so genannten Al-Baris, in dem Besucher mit Wasser und Wein erfrischt worden sein sollen. Die Omaijaden errichteten den Grünen Palast in der Nähe der Moschee und die Mamelucken den Goldpalast und den Ablaq-Palast. Aber nicht ein einziger Stein ist von diesen einstmals berühmten Bauwerken übrig geblieben.

Die Ursprünge der ältesten komplett erhaltenen Häuser im heutigen Damaskus reichen lediglich bis ins 18. Jahrhundert zurück. Das liegt zum größten Teil an Erdbeben und Feuersbrünsten, aber auch an der unsoliden, nicht auf Dauer angelegten Bauweise, nach der die alten Häuser der Stadt errichtet wurden. Die Mauern des Erdgeschosses eines Damaszener Hauses bestehen zwar aus Stein – in der Regel schwarzer Basalt aus dem Süden Syriens –, die oberen Stockwerke aber aus einem Gerüst aus schmalen Pappelstämmen, die mit in der Sonnenhitze gebrannten Lehmbacksteinen gefüllt werden und von den Bauarbeitern am Bauplatz selbst in einer Holzform hergestellt werden. Der Lehm wird mit Stroh oder alten, groben Sackfasern verstärkt. Noch heute gibt es eine Werkstatt gegenüber Maktab Anbar, in der alte Säcke zu diesem Zweck zu kleinen Fetzen geschreddert werden. Auf die Lehmsteine wird eine weitere Lehmschicht aufgetragen, die abschließend mit einer Kalkschicht überzogen wird.

Das Dach eines typischen Damaszener Hauses besteht aus Pappelzweigen, auf die eine Schicht aus Holzstäben gelegt wird, die schließlich dick mit Lehm überzogen und so lange mit einer Rolle gewalzt wird, bis sie hart und fest wie Zement ist (bei alten Dächern liegen noch heute diese Rollstäbe, die wie gigantische steinerne Nudelhölzer aussehen, zu Ausbesserungsarbeiten bereit). Werden diese Lehmdächer nicht regelmäßig gewartet, lassen sie alsbald Regen durch, der wiederum in den Lehm der Mauern sickert, sodass das Haus oft schon recht bald zu zerfallen beginnt.

Es bleibt rätselhaft, warum man für das Innere eines Damaszener Hauses so viel Aufwand betrieb und die Außenmauern Jahrhunderte hindurch nur aus Lehm und Holz baute. Henry Maundrell wunderte sich schon 1697: „Es stellt sich die Frage, was die Menschen dazu veranlasst, auf diese Weise zu bauen, wo sie doch in den angrenzenden Bergen so viele gute Steine haben." Maundrell erklärte es sich damit, dass die ersten Siedler in Damaskus, „wo sie eine so herrliche Lage vorfanden", wenig Zeit zum Bau ihrer Häuser hatten, sodass sie einfach die Materialien nahmen, die ihnen als erste in die Finger kamen, und das waren die Pappeln und der Lehm der Ghutaoase. Er wunderte sich aber weiter: „In diesen Mauern findet man Tore und Türen, die mit Marmorportalen mit schönstem, vielfältigem Schnitzwerk und Einlegearbeiten ausgestattet sind ... Es erstaunt doch sehr, Lehm und Marmor, Pomp und Schmutz derart miteinander vermischt zu sehen." „Ein Goldkern in einer Schale aus Lehm", so fasste Moritz Busch etwas knapper das Wesen eines Damaszener Hauses zusammen.

Im Laufe der Jahrhunderte stürzten die Hausmauern ein, wurden ausgebessert, wieder aufgebaut und den neuen Modeansprüchen entsprechend umgebaut, doch die unteren Steinmauern und Fundamente der Damaszener Häuser sind sehr viel älter als die oberen Stockwerke. Ein Beweis dafür ist die Tatsache, dass Bauarbeiter während der letzten Jahre bei Restaurierungs- oder Umbauarbeiten zweimal auf Schätze stießen, die in den alten Mauern, an denen sie arbeiteten, verborgen lagen: 1995 fanden sie einen Tonkrug mit Hunderten von Gold- und Silbermünzen aus der Zeit zwischen 1576 und 1710, und 1998 einen großen mameluckischen Topf mit 16 000 kleinen mameluckischen Silbermünzen aus dem 13., 14. und 15. Jahrhundert sowie einigen frühen osmanischen Münzen. Im Bait al-Aqqad, das unweit der Geraden Straße liegt und von der dänischen Regierung restauriert wird, befindet sich im Innenhof eine eindeutig römische Mauer, die wahrscheinlich Teil des römischen Theaters war, das sich unter dem Haus befinden soll. Bei den Restaurierungsarbeiten an einem weiteren Palast, Bait Mudschallid, wurde vor der Grundmauer des Hauses ein altes Fundament gefunden. Der Architekt, der ein Haus in der Straße hinter der Großen Moschee restaurierte, entdeckte hinter einigen modernen Bücherregalen einen riesigen, in die Wand eingebauten römischen Türsturz mit üppigen Steinmetzarbeiten. Die Häuser in Damaskus wurden die Jahrhunderte hindurch so oft erneuert und umgebaut, dass ein Haus wie das Bait al-Aqqad in sich römische Überreste, einen Innenhof aus dem 15. Jahrhundert und Holztäfelungen und Wandmalereien aus dem 18., 19. und 20. Jahrhundert enthalten dürfte. Im Bait Barudi, das in ein Zentrum der Universität von Damaskus für Architekturstudenten zur Erforschung der Altstadt umgewandelt wurde, haben Restauratoren unter den Mauern aus dem 20. Jahrhundert völlig unterschiedliche Wandmalereien gefunden, während Architekten im Bait al-Aqqad und im Bait Mudschallid unter Verzierungen aus dem späten 19. Jahrhundert ältere Fresken freilegten.

Dorothée Sack, eine deutsche Architektin, deren Buch über Damaskus von 1989 für all jene zur Pflichtlektüre zählt, die sich wissenschaftlich mit der Stadt befassen, ist der Ansicht, die Damaszener verändern ihre Wohnungen so oft, wie die Menschen im Westen ihre Zimmer neu tapezieren. Doch all diese Veränderungen und Neuausstattungen haben sich nie wesentlich auf das Grundschema des alten Damaszener Hofhauses ausgewirkt. 1959, als das Fundament für ein modernes Bankgebäude im Hariqa-Bezirk von Damaskus vorbereitet wurde, trat bei Planierarbeiten ein Teil eines Mosaikbodens zutage. Die Antikenverwaltung wurde benachrichtigt, und zehn Arbeiter durften drei Wochen lang graben, ehe das Fundament für das neue Gebäude errichtet wurde. Sie legten die Überreste eines herrlichen byzantinischen Hauses oder Palastes vom Ende des 5. Jahrhunderts frei. Der Standort des alten Bauwerks war in seiner Gesamtheit nicht zugänglich, weil er von anderen Gebäuden umstellt war, aber die Archäologen fanden Reste von Zimmern, die um einen gepflasterten Innenhof herum angelegt waren.

Gegenüberliegende Seite: In Damaskus freigelegter Schatz – Gold- und Silbermünzen in einem mameluckischen Krug.

Unten: Bei der Reinigung einer Wand entdeckte man im Bait al-Aqqad alte Malereien.

Sie entdeckten Fußböden mit geometrischen Mustern aus verschiedenfarbigem Marmor, Wände, die mit rosafarbenem Marmor dekoriert gewesen waren, Fragmente von farbigem Glas und Reste des Putzes. Nach sorgfältiger Inventarisierung der Funde wurde die Grabungsstätte wieder zugeschüttet und das neue Gebäude darüber erstellt, doch zeigt dieser ungewöhnliche Blick in die Vergangenheit, dass die Grundstruktur eines Damaszener Hauses jahrhundertelang identisch blieb. Dafür gibt es einen weiteren Beweis: 1277 starb der Mameluckensultan Baibars I. in Damaskus, und sein Grab wurde in einem kleinen Palast neben der Moschee untergebracht. Ein Teil des Erdgeschosses wurde für die Grabkammer umgebaut und erhielt einen neuen Eingang, aber der Rest des Hauses folgt, wie Besucher heute noch sehen können, eindeutig der traditionellen Anlage mit Räumen rund um einen Innenhof.

Das Damaszener Haus ist *immer* um einen Innenhof (ard al-diyar) oder gar zwei, drei oder vier Höfe gebaut, aber nicht alle Höfe eines Hauses wurden unbedingt zur selben Zeit angelegt – sie konnten auch später hinzugefügt, an einen Garten angebaut oder vom Nachbarhaus übernommen werden. Die Formen konnten sich über die Jahrhunderte hinweg ändern. In einem Haus mit nur einem Hof wohnten alle Familienmitglieder zusammen, es sei denn, ein männlicher Besucher oder Geschäftspartner betrat das Haus, dann zogen sich alle Frauen nach oben in den Haramlik, den Privatbereich, zurück. In einem Haus mit zwei Höfen diente ein Hof als Salamlik, als öffentlicher Bereich, in dem männliche Besucher empfangen wurden, während der zweite Hof, Haramlik genannt, für die Familie bestimmt war. Der Salamlik war in der Regel karger ausgestattet und der kleinere der beiden Höfe (wie man deutlich am Azempalast erkennen kann). Ein dritter oder vierter Hof – Khadamlik – war dann für die Diener und die Arbeiten bestimmt, die für die beiden Haupthöfe anfielen. Es gab gelegentlich auch noch einen kleinen Eingangshof oder -korridor (Dihliz), damit man von der Haustür keinen Einblick in den inneren Hof hatte. Oft waren selbst in den reichsten Häusern der

(Fortsetzung Seite 112)

Innenhöfe

Verblüffend wirkt immer wieder der Kontrast, wenn man von den düsteren Straßen und Gassen der Altstadt in die von der Sonne durchfluteten Innenhöfe der Damaszener Häuser mit ihren Bäumen und Singvögeln tritt. Es gibt Häuser mit einem Hof, den sich die ganze Familie teilt, oder Häuser mit zwei Höfen: einem „äußeren" Hof (Salamlik) für gesellschaftliche Anlässe und Besucher und einem „inneren" (Haramlik) für die Familie. Großzügige Häuser können sogar drei und sogar vier Höfe aufweisen, die dann Platz für die Bediensteten und deren Hausarbeiten bieten.

Gegenüberliegende Seite: Ein Spalier über dem Brunnen im Hof des Hauses der Spanischen Krone.

Oben: Eine reizvolle Arkade grenzt den Iwan im Innenhof des Bait Dahdah ab.

Folgende Doppelseite: Der geheime Garten einer von vier Innenhöfen eines großen, inzwischen baufällig gewordenen Damaszener Hauses. Die Restaurierung traditionell gebauter Häuser in der Altstadt von Damaskus ist leichter, als es den Anschein haben mag.

Gegenüberliegende Seite: Der schlichte Innenhof von Bait Tibi, einem architektonischen Juwel.

Oben: Der großzügige Innenhof des Bait Nizam mit seinem kunstvoll ausgeschmückten Mauerwerk.

Links oben: Grundriss eines Hauses mit einem Innenhof (Bait Barudi; siehe rechte Seite oben).

Unten: Grundriss eines Hauses mit zwei Höfen (Bait Sibai; siehe gegenüberliegende Seite unten und folgende Doppelseite).

Links unten: Grundriss eines Hauses mit drei Höfen (Maktab Anbar; siehe Seite 88).

Gegenüberliegende Seite oben: Blick in den Innenhof des Bait Barudi.

Gegenüberliegende Seite unten: Der Salamlik im Bait Sibai.

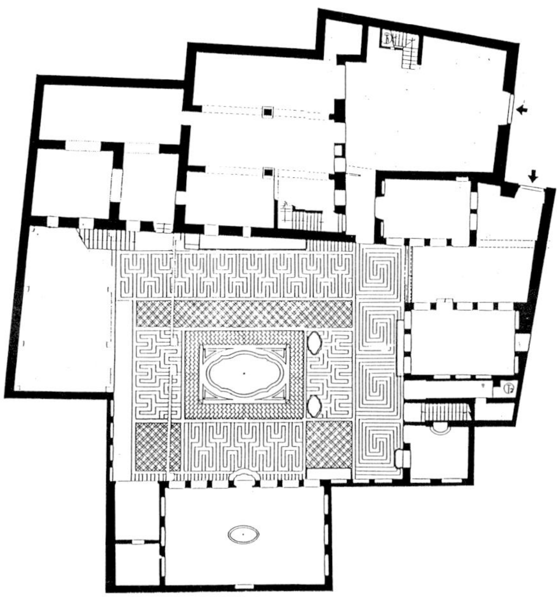

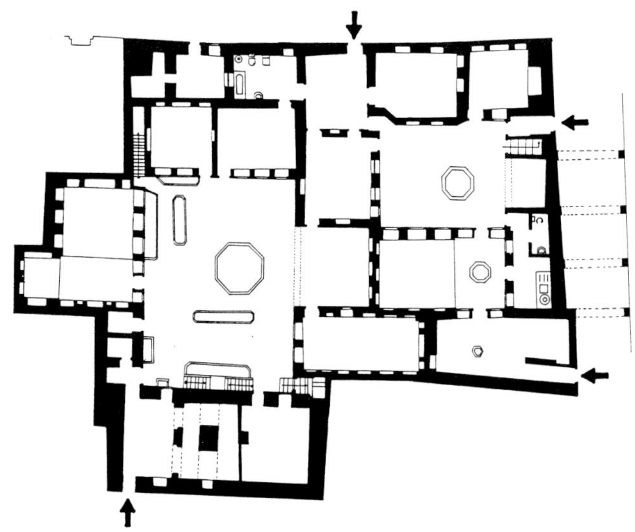

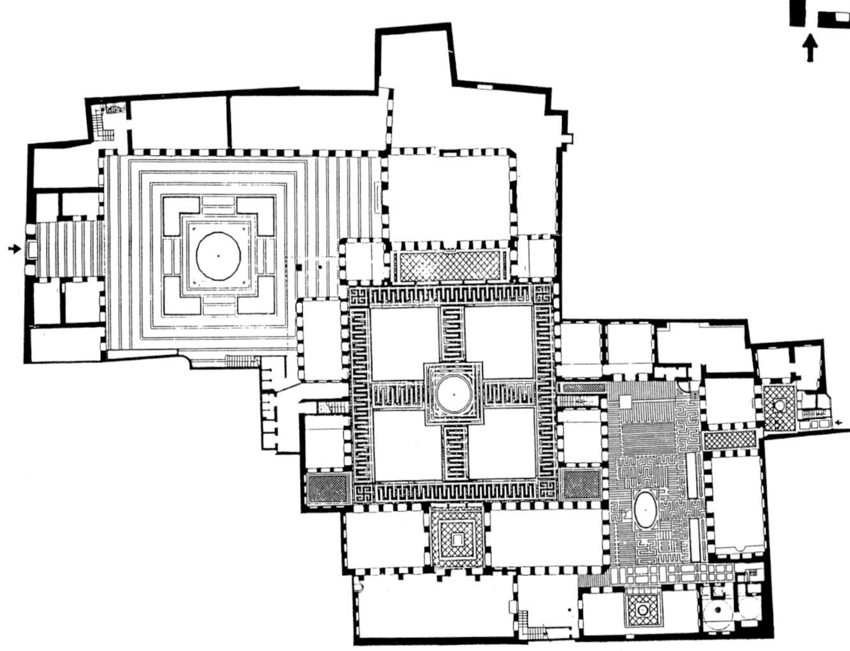

Der Haramlik bzw. Familienbereich im Bait Sibai. Im Hintergrund sind Stufen zu erkennen, die zur Qa'a (Empfangsraum) führen.

Eingang, die Diele oder der Flur bewusst schlicht gehalten, manchmal sogar etwas verwahrlost und schmutzig (auch wenn dort fast immer ein Stein- oder Marmorbecken mit Wasser stand, damit die Besucher sich den Staub der Straße abwaschen konnten). Isabel Burton bemerkte diesbezüglich: „Eine Besonderheit ist, dass jedes Haus ein Haupttor und einen Haupteingang hat. Damit wollte man ausdrücklich die Regierung täuschen, weil man aus Gründen der Steuer und Konfiskation nicht verraten wollte, was sich im Haus befand. Man ging auf einen mit Gerümpel verstopften Weg mit einer ganz gewöhnlichen Tür zu, manchmal gab es noch einen verschlungenen Gang oder einen äußeren Hofbereich, sodass man mit Schrecken dachte: ‚Was müssen das für Menschen sein, die ich hier besuche?'"

Der Innenhof eines Damaszener Hauses konnte die Größe eines Fußballfeldes erreichen oder winzig sein, in beiden Fällen aber sollte er an den heißen trockenen Tagen eines syrischen Sommers Kühle und Erholung spenden. Die Sonne wurde durch das Laub der Bäume gefiltert, süß duftender Jasmin ergoss sich in großen Kaskaden herab, und in den Brunnen plätscherte Wasser. Immer stand eine Schale mit süßem Basilikum bereit, der Pflanze, die der Prophet Mohammed so mochte, und natürlich mit den berühmten Damaszenerrosen aus Damaskus. Die Höfe waren traditionellerweise mit bestimmten Bäumen bepflanzt: eine seltsame Art rundlicher Zitronen namens Kabbad, gewöhnlich geformte Zitronen und Sevillaorangen, die in Wirklichkeit von Damaskus nach Sevilla exportiert wurden und nicht umgekehrt. Das Innere der Schale der Kabbad und die Schale der Sevillaorange wurden zu köstlichen Süßigkeiten verarbeitet, und die Blätter des Zitronenbaums, mit Wasser aufgebrüht, ergaben einen erfrischenden Tee. Außerdem wuchsen Weinreben, die man mithilfe langer Stangen vom Hof bis unter das Dach winden ließ, wo sie sich verzweigten und Früchte und Schatten spendeten.

Oben: Das herrliche Haus Bait Dschabri; Eingang zum Empfangsraum.

Gegenüberliegende Seite: Der Iwan der al-Mahad al-Musiqi (Musikschule) in Qanawat.

Es gab sogar typische Tiere für die Innenhöfe: Schildkröten und in der Blütezeit der Häuser Gazellen, die exotisch auf dem Marmorpflaster dahinschritten. Jedes Haus in der Altstadt, so wird erzählt, soll sogar von einer ganz besonderen Schlange bewohnt sein, die tausend Jahre alt wird und einen herrlichen Duft von sich gibt. Diese Schlangen – die Alfiyya, die „Tausendjährigen" - sind riesig, tun aber niemandem Böses, wenn man sie in Ruhe lässt. Hassana Mardam Bey, eine junge Frau aus einer berühmten Damaszener Familie, hörte diese Geschichte von ihrer Urgroßmutter. Diese hatte offenbar unabsichtlich das Nest der Alfiyya ihres Hauses gestört, sodass die Schlange herauskam und in die Schale mit Milch, die immer vor das Nest gestellt wurde, Gift spritzte. Die Urgroßmutter bemerkte, was sie angestellt hatte, brachte das Nest wieder in Ordnung, worauf die Schlange zurückkehrte und die Schale umstieß, damit niemand durch das Gift Schaden nehmen konnte.

Die Innenhöfe von Damaskus waren erfüllt vom Gezwitscher der Vögel, meist der Kanarienvögel, die sich fast jeder in Käfigen hielt. Hoch oben auf den Dächern des alten Damaskus findet sich eine andere Vogelwelt. Hier ist das Reich der Taubenliebhaber oder Kashash hammam, Relikte jener Zeit, als Brieftauben den Postdienst nach Bagdad und Aleppo besorgten. Blickt man in den Himmel, sieht man ihre Schwärme in geordneten Formationen, oft rosafarben wie bei Flamingos. Das Ziel eines jeden Taubenliebhaber ist es, Vögel aus einem rivalisierenden Schlag zu fangen. Da es zum Spiel gehört, stets zu lügen, wenn man gefragt wird, ob man einem Nachbar die Tauben gestohlen hat, begegnet man den Taubenfreunden in Damaskus im Allgemeinen mit Misstrauen und lässt sie selbstverständlich nicht in den eigenen Hof. „Außerdem", berichtet Miss M. E. Rogers, eine Engländerin, die Damaskus 1865 besuchte, „glaubt man, dass sie die sich bietende Gelegenheit nutzen und von ihren Speichern aus in die Harems der umliegenden Häuser schauen."

Ältere Innenhöfe wurden mit schwarzen Basaltblöcken und roten Steinen (aus den Steinbrüchen von Mezze vor den Toren von Damaskus) ausgelegt und bildeten oft komplexe, labyrinthische Muster. Erst im 19. Jahrhundert wurde es Mode, den Stein durch Marmor in immer kunstvolleren geometrischen Ornamenten zu ersetzen. Die Häuser wurden zum Hof hin fast immer aus Streifen aus schwarzen und weißen Steinen gebaut und oft mit einer farbigen Steinmasse dekoriert. Diese Technik wurde erstmals von den Mamelucken im 14. und 15. Jahrhundert verwendet und von den Handwerkern in Damaskus im 18. Jahrhundert zu vollendeter Perfektion weiterentwickelt. Dahinter verbarg sich ein überaus aufwändiger Prozess: In einen Steinblock wurde ein geometrisches Muster eingeritzt, das danach mit einer Masse aus verschieden farbigen gemahlenen Steinen aus-

gefüllt wurde. Im 19. Jahrhundert wurde diese Masse gelegentlich zu steinfremden Farben wie Blau oder Grün oder Rot eingefärbt (Beispiele hierfür finden sich im Maktab Anbar), oder man ahmte den Effekt nach, indem man einfach ein Muster auf den Stein aufmalte. Die älteren Arbeiten, bei denen die Muster kunstvoll in erdigen Brauntönen und Terrakotta mit Weiß und Schwarz gestaltet wurden, wirkten harmonischer und reizvoller. Zu den gelungensten Beispielen zählt die Fassade des leider seit Jahren stark vernachlässigten Bait al-Istwani im Woll-Suk; Bait Dschabri, Bait Sibai und Bait Dahda sind weitere Paläste, die mit dieser feinen Arbeit dekoriert sind. Die Wände im Innenhof von Bait Adschlani (der leichter zu besichtigen ist, weil es inzwischen ein öffentlich zugängliches Gebäude mit Geschäften ist) sind mit derart dekorierten Steinen geradezu übersät, die Stefan Weber zufolge, einem Experten auf diesem Gebiet, „so etwas wie Musterbögen mit Beispielen sind".

Seit unerdenklichen Zeiten haben Reisende das Wasserversorgungssystem von Damaskus gepriesen – das Kanal- und Röhrennetz vom Barada aus römischer Zeit bewässerte die Oase und speiste die Dutzenden öffentlicher Bäder und Wasserhähne und ließ all die herrlichen Springbrunnen in den Innenhöfen sprudeln. Idrisi beschrieb, wo der Fluss entspringt (bei Ain al-Fidscha) und wie er Damaskus am Leben erhält: „Das Wasser bricht hoch oben aus einer Bergflanke hervor, wobei es schrecklichen Lärm erzeugt und großes Getöse, das man von weitem hören kann. Ehe es die Stadt erreicht, verzweigt es sich in zahlreiche Kanäle, und das Wasser wird in alle Teile der Stadt geleitet und gelangt in die Häuser und Bäder, die Märkte und Gärten."

Jedes Haus verfügt über sauberes Wasser aus diesem System; das Abwasser fließt über einen gesonderten Kanal ab. (In den Häusern Khalid al-Azem und Mardam Bey sind diese alten Leitungen heute noch zu sehen.) Die Wasserverteilung innerhalb der Häuser selbst war beeindruckend. Das Wasser floss von Brunnen zu Brunnen, selbst durch die größten Paläste, weil jeder Brunnen etwas tiefer lag als der davorliegende. Waren alle Brunnen versorgt, landete das Wasser schließlich in der Küche und Toilette.

In einem Damaszener Innenhof stand immer ein Brunnen – manchmal, wie im Bait Quwatli, in Khalid al-Azems Haus und dem Bait Sibai war er so groß, dass man fast darin schwimmen konnte. Die älteren Brunnen bestanden wie die Bodenpflasterung, auf der sie standen, aus schlichtem Stein. Im 19. Jahrhundert aber, als die Häuser oft erneuert wurden, entstanden neue Brunnen aus Marmor. Die Brunnen in den Häusern selbst waren kleiner und sehr dekorativ, mit

Unten: Decke in einem der üppig dekorierten Wohnräume im Bait al-Yusuf.

Gegenüberliegende Seite: Die Ataba (Toreingang) im Bait Sibai von dem etwas erhöhten Podest aus.

Marmormosaiken dekoriert, die gelegentlich Perlmuttmarketerien enthielten. Die merkwürdigste Brunnenart findet sich im Bait Schirazi und im Haus Khalids al-Azem: Er ist ein Labyrinth aus lauter flachen Marmorschalen, durch die sich das Wasser seinen Weg bahnt.

Der Brunnen eines Innenhofs stand immer parallel zum Hauptraum des Hauses, dem Iwan, der eigentlich nicht ein Zimmer war, sondern ein riesiger gewölbter Alkoven, an drei Seiten geschlossen, aber zum Hof hin offen. Der Iwan öffnete sich der Kühle wegen immer nach Norden; hier saßen der Besitzer des Hauses, seine Familie oder Gäste und Geschäftsfreunde im Sommer und rauchten ihre Wasserpfeife.

Damit die Luft optimal zirkulieren konnte, war der Iwan der höchste Raum des Hauses, zwei Stockwerke hoch, und da er im Sommer als Mittelpunkt des Familienlebens diente, war er in der Regel üppig mit herrlichen bemalten Holzwänden, farbigem Pastendekor, raffiniert gemeißeltem Stein mit Intarsien, mit Wandgemälden und Marmorböden ausgestattet, deren Muster so komplex war wie bei einem Teppich.

Gegenüber dem Iwan befand sich der zweitwichtigste Raum des Hauses – die Qa'a bzw. der Hauptwohnraum im Haus selbst. Sie öffnete sich nach Süden, sodass man im Winter die Sonne nutzte. Dieser Raum war das Glanzstück eines jeden Damaszener Hauses, hier war die Dekoration am üppigsten, und der Besucher aus dem Westen fühlte sich geradezu in die Welt von Tausendundeiner Nacht entführt.

Die Qa'a ist in zwei Bereiche unterteilt: Einen Eingangsbereich auf gleicher Höhe mit dem Hof, mit Stein oder Marmor gepflastert, Ataba (Schwelle) genannt, sehr oft mit einem Brunnen in der Mitte und gelegentlich einer mihrabförmigen Nische (Masabb) in der Wand gegenüber der Tür. Diese Nische diente nicht religiösen Zwecken, sondern der Aufbewahrung von Narghilas, Wasserkrügen und Ähnlichem. Sie war in der Regel äußerst dekorativ mit Marmormosaiken und gelegentlich einem in Stein gemeißelten „Stalaktitenmuster" (Muqarnas) ausgestattet. Der zweite Teil war der Sitzbereich; er war von der Ataba durch einen großen Bogen getrennt und lag etwa sechzig Zentimeter über der Bodenhöhe der Ataba. Dieses Podest hatte einen schlichten Boden, der die Wände entlang mit Teppichen, Brücken und flachen Sitzen (Diwan) oder Kissen bedeckt war. Gäste zogen in der Ataba ihre Schuhe aus und betraten dann das Podest, wo sie Platz nahmen und wo ihnen verschiedene Leckereien und Scherbetts, mit Kardamom gewürzter Kaffee, Tee aus Wildblumen und natürlich die allgegenwärtigen Wasserpfeifen gereicht wurden. In einem Damaszener Haus gab es kein eigentliches Esszimmer oder Wohnzimmer – jeder Raum, auch die Qa'a, ließ sich innerhalb von Sekunden den unterschiedlichsten Bedürfnissen anpassen: Mahlzeiten konnten auf Tabletts serviert und dann wieder abgeräumt werden, nachts nahm man Bettzeug aus den Wandschränken, und der Raum wurde zum Schlafzimmer. Ein vornehmes Damaszener Haus konnte auch über zwei erhöhte Bereiche in der zentralen Qa'a verfügen, auf jeder Seite der Ataba einen, und in seltenen Fällen (wie im Bait Sibai und Bait Dschabri) sogar über drei Bereiche, an beiden Seiten der Ataba und an der Rückseite. In einigen Häusern lag die Qa'a über einem Keller; in diesem Fall befand sich die Eingangstür oberhalb der Treppenstufen.

Zahlreiche große Häuser hatten mehr als nur eine Qa'a – Bait al-Abd hatte sogar sechs, doch das war eine Ausnahme. Daneben gab es noch weitere kleinere Mehrzweckzimmer (Murabba) rund um den Innenhof, die fast ebenso hübsch dekoriert waren. Im ersten Stockwerk führte in der Regel eine Art Veranda, die als Korridor diente, rund um den Hof und von ihr aus gelangte man in die Schlafräume. Ganz oben befand sich häufig ein einzelner Raum, eine Art Pavillon, der eine Öffnung zum Dach hin hatte. Das war der so genannte „Flugzeugraum" (Tayyara), weil er dem Himmel so nah war.

Während des 1. Weltkriegs, als Deutschland mit der Türkei verbündet war, stationierten Soldaten der deutschen Armee auch in Syrien. Unter ihnen befand sich der renommierte Archäologe und Historiker Theodor Wiegand. Er war tief beeindruckt von der Altstadt von Damaskus und überredete den damaligen Gouverneur Dschamal Pascha, zwei deutsche Ingenieure in die Stadt kommen zu lassen, die sie eingehend studieren sollten. So kam es, dass 1917 Karl Wulzinger und Carl Watzinger in Damaskus eintrafen und im Haus der Spanischen Krone logierten, das einige Jahrzehnte zuvor spanisches Konsulat gewesen war. „Wir hatten das Glück, über ein Jahr lang in einem der schönsten und größten Häuser der

(Fortsetzung Seite 119)

Die zentrale Qa'a in Bait Mudschallid (vor der Restaurierung). Die mit Steindekorationen verzierte Ataba im Vordergrund bildet einen Kontrast zur üppig vergoldeten und bemalten Sitzebene. Es handelt sich dabei um die zweite Sitzebene des auf Seite 7 abgebildeten Raums.

Gegenüberliegende Seite: Eine Veranda im ersten Stock verläuft rund um den Innenhof und dient als Korridor zu den Schlafräumen im Bait Schatta.

Oststadt zu wohnen", schrieben sie in ihrer vorzüglichen Studie über die alten Damaszener Häuser und ihre Bauprinzipien. Als die Rede auf den zentralen Empfangsraum mit seiner Ataba und dem Sitzpodest kommt, wird ihr Tonfall geradezu heftig: „Es gilt als sehr unhöflich, einen Gast wie einen Diener oder Bittsteller unten in der Ataba stehen zu lassen. Ebenso falsch aber ist es, die Erhöhung mit Schuhen betreten zu wollen." Wulzinger und Watzinger beschreiben sodann die Sitzarrangements: „Kissen längs der Wände bilden das Lager. Einen Stuhl oder ein Kanapee auf diese Erhöhung zu stellen, wie wir es bei vielen der verbreitetsten Damaszener Innenansichten sehen können, ist ein Unding ..." Traditionellerweise gab es im Damaszener Haus nur wenig oder gar kein Mobiliar, außer vielleicht einigen kleinen Tischen und der riesigen Truhe mit Intarsien (Sunduq), in der die Braut ihre Mitgift aufbewahrte. Alexander Kinglake berichtete von seinem Besuch in Damaskus 1834: „Es gibt kein Mobiliar, das die kühle, palastähnliche Leere der Räume stören würde. Entlang den drei Wänden des Raums verläuft ein Diwan (ein flaches, doppelt breites Sofa). Einige Perserteppiche werden gelegentlich neben den Diwan übereinander auf den Boden gelegt und verleihen dem Raum dadurch den Eindruck von selbstverständlichem Luxus. Außer ihnen gibt es nichts, das die Empfangsatmosphäre stören könnte ..."

Der Sitzbereich und die Ataba gehörten zwar zu ein und demselben Raum, waren aber völlig unterschiedlich ausgestattet. Beide hatten kunstvoll bemalte Holzdecken, aber damit endete die Ähnlichkeit auch schon. Die Dekoration der Ataba war stets in Stein gehalten (Marmormosaik, farbiger Pastendekor oder Steinmetzarbeiten), während das Sitzpodest rund um die drei Wände bis zu einer Höhe von zweieinhalb Metern mit bemalten Holzpaneelen ausgekleidet war. In dieser Holztäfelung befanden sich Regalbretter für Ziergegenstände und riesige Schränke mit verzierten Türen, in denen das Bettzeug und der Familienschatz aufbewahrt wurden. Als harmonischen Abschluss gewissermaßen hatten die Fenster dieses Raums Läden, die auf die Schranktüren abgestimmt waren.

Über den Schränken verliefen friesähnlich mit Schriftzügen bemalte Paneele mit dem Datum des Hausbaus und dem Namen des Eigentümers sowie Zeilen aus einem Gedicht oder Verse aus dem Koran und einem Gebet mit der Bitte, Gott möge den Eigentümer des Hauses und seine Familie segnen. Die Holztäfelung endete oberhalb dieses Frieses mit einer Art Gesims – in den Ausstattungen des 18. und frühen 19. Jahrhunderts konnte diese üppige Dekoration „Stalaktitenmuster" aufweisen; dafür wiederum blieb die Wand zwischen Gesims und bemalter Decke weiß und leer wie im Bait Schirazi. Um die Mitte des 19. Jahrhunderts, als die Mode aufkam, diese kahle Wand mit Fresken zu bemalen, fiel das Gesims etwas weniger überladen aus – im Bait Mudschallid besteht es lediglich aus einem dünnen Streifen aus vergoldetem Holz in Spitzenmuster.

Es gibt eine Beschreibung Damaszener Häuser aus dem Jahr 1401, als Tamerlan die Stadt plünderte, derzufolge diese reich mit lackiertem Holz dekoriert waren. Der Chronist, der auf Seiten Tamerlans stand, führt seine Beschreibung sogar als Entschuldigung dafür an, dass die Häuser damals so schnell in Flammen aufgingen. Der älteste in Syrien noch erhalten gebliebene Raum mit Holztäfelung entstand 1603. Er befindet sich in den Staatlichen Museen zu Berlin und stammt aus dem so genannten Bait Wakil aus Aleppo. Das Haus ist heute ein bezauberndes kleines Hotel, das seinen Reiz beibehalten hat, auch wenn die ursprüngliche Holztäfelung fehlt. Das Zimmer wurde 1912 von der Familie Wakil erworben. Es ist im persischen Stil gehalten mit Blumen und stilisierten Blattmustern sowie, sehr ungewöhnlich, mit Tieren und Menschen. Es war eine christliche Familie, die den Raum in Auftrag gab, weshalb das muslimische Verbot der Darstellung von Lebendigem in der Kunst nicht galt. Man darf jedoch nicht vergessen, dass sich die schiitischen Muslime des Iran ohnehin weniger an diesen Grundsatz hielten als die sunnitischen Muslime Syriens. Die Malerei auf den Holztafeln von Aleppo ist flach, ein auf Holz gemaltes Muster, während etwas später die Mode aufkam, den zentralen Bereich des Musters auf Holzpaneelen in einer Mischung aus Gips und Gummiarabikum zu „zeichnen", sodass sich das Muster etwas von der Grundfläche abhebt. Immer häufiger wurde die Oberfläche dann noch üppig mit Malereien und Vergoldung ausgeschmückt, und die Paneele wurden schließlich mit einer Lackschicht überzogen. Diese Technik heißt Adschami.

Die Decken der Wohnräume waren noch üppiger dekoriert – wenn eine Steigerung überhaupt noch möglich ist – als die Holzvertäfelungen an den Wänden. Traditionellerweise bestanden die Decken in Damaskus aus Pappelzweigen, die mit dünnen Holzlatten unterlegt wurden, und so raffiniert bemalt waren, dass sie aus einiger Entfernung nicht wie Holz aussahen, sondern eher orientalischen Stickereien ähnelten. Die Deckendekoration der Mamelucken hatte oft noch eine Kante und tiefe Ecken, die in demselben schweren „Stalaktitenstil" ausgeführt waren wie die bereits beschriebenen Gesimse; dieser Stil war bis ins 18. Jahrhundert – wie im Bait Schirazi – üblich. Es gab aber Varianten – die Latten wurden gelegentlich mit Brettern verkleidet und die Pappelzweige auf diese Weise verschalt, oder die Bretter verliefen unter den Latten und bedeckten sie auf diese Weise mit einer flachen Decke. Auf diese Decke wurden dann in geometrischen Mustern

Unten: Bemalte Holztafeln, Holzläden und Türen im Bait Qasim.

Ganz unten: Bemalte Holzpaneele im Sitzbereich von Bait Dahdah.

Gegenüberliegende Seite: Erhöhte Sitzebene im Bait Kuzbari.

Zierbänder aus Holzperlen genagelt, die man anschließend bemalte.

In Damaskus gibt es allerdings ein Haus, das diese traditionelle Ordnung sprengt – das Bait Tibi. Die Tibis waren eine vornehme religiöse Familie, doch ist nicht bekannt, wer dieses ungewöhnliche Haus errichtete. Inschriften im Inneren geben zwei Daten für die Ausschmückung an: 1786/7 und 1820. Verglichen mit den großen Palästen anderer führender Familien hat das Bait Tibi einen eher bescheidenen Innenhof samt Iwan, aber der Iwan wird flankiert von zwei kleinen dekorativen Pavillons. An den Innenhof grenzt wie üblich die herrlich ausgemalte Qa'a (Wohnraum), doch dann trifft man ganz unerwartet im ersten Stock auf einen weiteren kleinen Raum, der mit wunderbaren Malereien, Vergoldungen und Spiegeln wie eine Edelsteindose von Fabergé ausgestattet ist; das muss die Qa'a der Damen gewesen sein. Die ein Stock höher liegenden Pavillons und die Qa'a entsprechen dagegen ganz dem in Damaskus üblichen Stil. Im Bait Tibi hat man das untrügerische Gefühl, dass hinter all dieser zusätzlichen Zier eine bemerkenswerte Frau mit einem ausgezeichneten Geschmack gestanden haben muss.

In den Jahrhunderten unter mameluckischer Herrschaft wurde Damaskus naturgemäß vom Stil der mameluckischen Architektur und der Ornamentik aus Ägypten beeinflusst. Doch vom 16. Jahrhundert an, als Syrien Teil des Osmanischen Reiches wurde, folgte Damaskus auch architektonisch der in Istanbul gültigen Mode. Zweihundert Jahre später, als diese Stadt ganz begierig war nach allem Europäischen und besonders nach allem Französischen, folgte auch

(Fortsetzung Seite 132)

Decken

Die traditionellen Decken der Damaszener Häuser sind so subtil bemalt, dass sie, aus einiger Entfernung betrachtet, eher wie orientalische Teppiche wirken als wie bemaltes Holz. Bei der Ausschmückung der Decken unterscheidet man mehrere Phasen: Zunächst wurden die Balken freigelegt und bemalt; danach wurden sie verschalt und üppiger verziert, oft mit „Stalaktiten"(Muqarnas)-Rändern und -Ecken; es folgte ihre Verkleidung mit Holzbrettern, sodass eine weitere flache Deckenebene entstand, die dann dekoriert werden konnte. In der letzten Phase wurden die alten Holzdecken unter europäischem Einfluss mit Stoff bedeckt, der in westlicher Manier mit Blumen und Arabesken bemalt wurde.

Oben: Diese bemalten Balken fanden sich unter einer mit Stoff ausgekleideten Decke im Bait Mudschallid.

Gegenüberliegende Seite: Freigelegte Balken im Bait Quwatli (a), die so raffiniert bemalt sind, dass sie fast wie eine Stickerei aussehen.

Gegenüberliegende Seite und oben:
Üppig – oft mit Muqarnas – verzierte, verschalte Balken waren seit der Mameluckenzeit bis ins 19. Jahrhundert hinein beliebt.

Gegenüberliegende Seite: Verschalte, mit Muqarnas verzierte Deckenbalken im Bait Schirazi.

Oben: Bei dieser neuen Deckenart im Bait Tibi wurden die Balken mit flachen Brettern verkleidet und diese anschließend mit Mustern bemalt.

Folgende Doppelseite: Die flache Holzdecke im Bait Schirazi wirkt besonders prunkvoll dank der Muqarnas-Arbeiten und der Spirale in der Mitte.

Beispiele für europäisch beeinflusste Deckenausführungen: Stoff und Holz sind mit unterschiedlichsten westlichen Mustern verziert.

Links und unten: Im Bait Schirazi.

Gegenüberliegende Seite: Innenraum im Bait Lisbona.

Bemalte und vergoldete Türen im Rokoko-Empfangsraum von Ali Aghas Haus (Bait Nizam), die von Charles Addison und Josias Porter beschrieben wurden.

Damaskus dieser Vorliebe. Zunehmend wurden Blumen und Früchte im europäischen Stil – in Vasen, Sträußen, Schalen – ein beliebtes Motiv auf den Wandgemälden anstatt der orientalischen geometrischen Muster und Arabesken. Diese Zeit erhielt den Namen Tulpenzeit. Das schönste Beispiel für die Innendekoration dieser Zeit ist der atemberaubende Speisesaal im Topkapi-Palast in Istanbul, der von Sultan Ahmet III. in Auftrag gegeben wurde und überschwänglich nur mit Früchten und Blumen dekoriert ist.

Im 19. Jahrhundert machten dann in Istanbul die zarten Muster der Tulpenzeit einer neuen Begeisterung für den europäischen Barock Platz. Damaskus passte sich gleich an, und der europäische Barock (wie ihn die osmanischen Architekten und Handwerker interpretierten) brach sich überall in der Altstadt Bahn mit unglaublich raffinierten Spiegeleffekten und vergoldeten Holzdekorationen, Fresken mit Blumen, Früchten und Gemüse aus Zink sowie Girlanden, Trauben, Ananas und Säulen aus Stein und Marmor. Die traditionell kahlen weißen Stellen an den Wänden zwischen der Holztäfelung und der Decke wurden mit Malereien ausgefüllt. Charles Addison hielt sich Mitte der 30er-Jahre des 19. Jahrhunderts in Damaskus auf und besuchte Ali Aghas Haus, in dem ein solcher Raum gerade in Arbeit war. Die Künstler, so berichtete er, stammten aus Istanbul. „Die Wände waren etwas unterhalb der Decke munter mit Gebäuden, fantastischen Portikos und Säulen bemalt, durch die man in der Ferne das Meer erblickte und blaue Berge und hier und da im Vordergrund sanft gewellte Weiden und Zypressen … rund um die Schränke waren in Schnörkeln ganze Bündel von Waffen gemalt, und an beiden Seiten waren Teile der Wand üppig mit Intarsien aus Schildpatt und Perlmutt verziert." Josias Porter besuchte dieses Haus fünfzehn oder zwanzig Jahre später und bemerkte: „Den Dekorationsstil in dieser Villa kann man als modernen Damaszenerstil bezeichnen; die Malerei an den Wänden und den Decken ist eine Innovation jüngeren Datums. In den älteren Häusern sind die Decken und holzgetäfelten Wände reichhaltig mit Arabesken ausgeschmückt, zu denen auch kleine Tafeln in Dunkelblau und herrlichem Azurblau zählen, auf denen in eleganten, ineinander verschlungenen arabischen Buchstaben ganze Verse und Kapitel ihres Gesetzbuchs geschrieben stehen."

Das Zimmer, das beide beschreiben, kann heute besichtigt werden – es ist das barocke Empfangszimmer des inzwischen als Bait Nizam bekannten Hauses. Heute ist es mit braunen gepolsterten Bänken möbliert, doch zu Porters Zeit waren die Diwane entlang den Wänden verkleidet „mit kostbarstem Purpursatin mit keuschen Blumen- und Girlandenmustern in Gold bestickt, sodass sich auf den Boden ein tiefgoldener Saum legte. Das Ganze erinnert eigentlich an einen Schauplatz aus einem Märchenland ..."

Das 19. Jahrhundert war eine Zeit tief greifender Reformen im Osmanischen Reich: Schulen, Höfe, Krankenhäuser und Rathäuser wurden in europäischem Stil errichtet. In dieser Zeit verstärkte Istanbul auch seinen Zugriff auf die Verwaltung des Reichs, indem es ortsansässige „Notabeln" in seinen Dienst berief, anstatt sie ihre eigenen Wege gehen zu lassen. All das spiegelt sich in der Innendekoration der Häuser wieder.

Als Beweis für die neue Bindung an den Mittelpunkt des Reiches wurden Wandmalereien von Istanbul und dem Bosporus – einschließlich kleiner Schiffe unter türkischer Flagge – ungemein beliebt, während der europäisch-osmanische Barockstil zunehmend als übertrieben empfunden wurde. Nun wurden die hübschen alten Holzdecken mit Leinwand verkleidet, die unter die Balken gespannt und in rein europäischem Stil bemalt wurde. Zudem kam die Mode, die Dachtraufe rund um den Innenhof mit einem hölzernen Gesims (Simis) abzurunden, das gelegentlich eine gewellte Kante hatte.

Wulzinger und Watzinger, die die Kunst der bemalten Damaszener Holztäfelungen so sehr bewunderten, waren von einigen dieser Entwicklungen des späten 19. Jahrhunderts weniger begeistert. „In einigen Fällen", meinten sie, „ist die Dekoration durch allzuviel weißen Marmor in den Innenräumen, durch große Spiegel, durch landschaftliche und figürliche, das heimische Können übersteigende Bemalung schwülstig und aufdringlich geworden." Sie fahren nicht unbedingt sehr feinfühlig fort: „Beispiele dieser Art finden sich vornehmlich im Juden- und Armenierviertel."

Gegen Ende des 19. Jahrhunderts wurde es Mode, nicht nur den Malstil im Hausinneren zu ändern, sondern auch die Architektur der Häuser insgesamt. Dabei wurde der traditionell erhöhte Teil der Qa'a etwas abgesenkt, sodass der ganze Raum im europäischen Stil eine einzige Ebene bildete. Esszimmer wie der prachtvolle Raum im Bait Mudschallid wurden hinzugefügt, und zunehmend tauchten Fenster an den üblicherweise kahlen Außenwänden auf – so im Bait Barudi, Bait Marie Qatasch und Bait Tuta, bis die Hausfassaden regelrecht westliches Gepräge erhielten. Ein Jahrbuch der osmanischen Provinz Damaskus aus jener Zeit führt an, jedes Jahr würden vier- bis fünfhundert Häuser renoviert – eine Erklärung dafür, weshalb im heutigen Damaskus so viele Beispiele für die Innenausstattung und Architektur dieser Zeit erhalten sind.

Die Veränderungen in der Innenausstattung währten bis ins 20. Jahrhundert hinein. Als der bekannte Damaszener Fakhri Barudi 1911 von einem Parisbesuch zurückkehrte, dekorierte er die Qa'a seines berühmten Hauses in Damaskus neu mit riesigen Gemälden, vermutlich Kopien von Postkarten, verschiedene Ansichten Europas darstellend. Das Barudihaus wurde *der* Treffpunkt der Damaszener Intellektuellen und später eines der Zentren für all jene, die sich der französischen Herrschaft in Syrien widersetzten. Es heißt, dass die Ladenbesitzer, wenn Fakhri Barudi durch die Straßen ging und ihnen ein heimliches Zeichen machte, ihre Läden herunterließen und so lange streikten, bis er ihnen befahl, wieder zu öffnen. Um zu demonstrieren, wie modern und auf der Höhe der Zeit sie waren, beauftragten die Hausbesitzer diesmal die Künstler, die Motive der Wandmalereien durch neue Erfindungen wie Eisenbahnen, Straßenbahnen und Flugzeuge zu ergänzen, und während

Oben: Mit Früchten und Architekturmotiven verziertes Gesims im Bait Araqtandschi.

Links: Auf eine Holztafel gemalte Vase mit Blumen im Bait Quwatli (a).

Oben: Neue, größere Fenster verliehen den Häusern, wie hier Bait Tuta, ein durchaus europäisches Flair.

Gegenüberliegende Seite: Bemalte Türen von 1711 im Damaskuszimmer im Cincinnati Art Museum.

des französischen Mandats in Syrien flatterten an den Dampfschiffen auf diesen Wandgemälden gelegentlich französische Flaggen.

Auch europäische Möbel, Kerzenhalter und Ornamente waren in Mode gekommen, sodass die einstige Atmosphäre von Tausendundeiner Nacht in diesen Häusern etwas von ihrer Einzigartigkeit verlor. Der große französische Dichter und Kritiker Théophile Gautier pries einen Raum in Damaskus: „Er war elegant und verschwenderisch ausgestattet", meinte er und beschrieb dann den herrlichen türkischen Teppich, die Decke und Wände mit ihren Malereien und Goldverzierungen und den langen Diwan in gelbem und blauem Satin. „Leider", so fuhr er fort, „mischte sich in diesen orientalischen Luxus eine Kommode mit einem Marmordeckel, auf dem eine Uhr unter einer Glashaube und zwei Vasen mit künstlichen Blumen standen, ebenfalls unter Glas; nicht mehr und nicht weniger als man auf dem Kaminsims eines beliebigen Pariser Vorstadtbewohners findet."

Der berühmte französische Schriftsteller Gustave Flaubert, der sich 1850 in Syrien aufhielt, zeigte sich entrüstet über die „verkünstelten" Kerzenhalter aus Muranoglas, die plötzlich in Damaszener Räumen auftauchten; Eugène-Melchior de Vogüé bedauerte 1872 „die Invasion europäischer Möbel, die den alten Häusern den Todesstreich versetzt haben". Pierre Loti klagte 1894 über „diese grässlichen Importe". In den 20er-Jahren des 20. Jahrhunderts war all dies dann keine Frage des Imports mehr: syrische Handwerker verwandelten ihre traditionellen Marketeriearbeiten in hässliche, rechteckige Jugendstilsofas und -sessel und verzierten ungraziöse Kleiderschränke mit kostbaren Perlmuttintarsien im europäischen Stil.

Als das 20. Jahrhundert heranbrach, reisten so viele Touristen durch Syrien, dass es nur noch eine Frage der Zeit war, bis einer von ihnen auf die Idee kam, eine komplette holzgetäfelte Damaszener Qa'a mit nach Hause zu nehmen. So findet man diese exotischen Interieurs denn auch an so unpassenden Orten wie Dresden, Cincinnati und Pittsburgh.

Jeder dieser ausgelagerten Räume hat seine eigene Geschichte. Derjenige in Dresden wurde von dem deutschen Fotografen Hermann Burchardt 1898 erstanden, als er Kaiser Wilhelm auf dessen berühmter Reise durch Libanon, Syrien und das Heilige Land begleitete. Burchardt langweilte sich dabei, nur den Kaiser zu fotografieren, und hatte am Ende Hunderte von Fotos von ganz gewöhnlichen Menschen, denen er begegnete, aufgenommen. Zum Leidwesen der Architekturhistoriker fotografierte er nicht die Häuser oder Denkmäler in Damaskus. Burchardt erwarb den Damaszener Raum für einen Sammlerfreund in Deutschland und ließ ihn nach Hause verschiffen, um dann festzustellen, dass der Sammler seine Meinung geändert hatte und sich mittlerweile für moderne Kunst interessierte. Der Raum wurde stattdessen an das Dresdner Museum verkauft oder verschenkt, wo er in einem Keller abgestellt und vergessen wurde. Die Malerei der 1997 wieder entdeckten und inzwischen restaurierten Holzvertäfelungen weist als Entstehungszeit das Jahr 1810 auf.

Das Cincinnati Art Museum besitzt einen besonders wertvoll ausgemalten Raum von 1711. Er wurde von Andrew Jergens, einem Mitglied der millionenschweren Seifenfabrikantenfamilie Jergens, 1932 erworben, als er auf einer Reise ins Heilige Land Damaskus besuchte. Er kaufte das Zimmer einem syrischen Händler ab, der es seinerseits erworben hatte, als das Haus, zu dem es gehörte, wegen Verbreiterung einer Straße abgerissen werden sollte. Jergens kaufte das Zimmer, um seine gotische Villa in Cincinnati mit ihm zu schmücken. 1967, als das Haus abgerissen wurde, gelangte das Damaszener Zimmer in das Museum der Stadt.

Die University of Pittsburgh erstand 1940 ein Damaszener Zimmer von einem Händler in New York, das aus dem Jahr 1782 stammt.

Hagop Kevorkian, ein armenischer Sammler, erwarb in den 30er-Jahren des 20. Jahrhunderts zwei Zimmer aus

Damaskus. Das eine war mit 1707 datiert und wurde in den 1960er-Jahren dem Metropolitan Museum of Art in New York überreicht. Es erlangte Berühmtheit. Es wird einfach das „Nur al-Din"-Zimmer genannt, denn niemand weiß, aus welchem Haus es ursprünglich stammte. Das andere, 1797 entstandene Zimmer soll aus dem Quwatlihaus stammen, das im 19. Jahrhundert britisches Konsulat war. Der Sammler schenkte es der New York University.

Gayer Anderson, der britische Forscher und Exzentriker, dessen herrliches Haus in Kairo heute ein Museum ist, kaufte in den 1930er-Jahren für eben dieses Haus ein Damaszener Zimmer. Man sagte ihm, es stamme aus einem der vielen Häuser, die der Familie Azem gehörten.

Es gibt noch ein Damaszener Zimmer, im Manidschal-Palast in Kairo, das auf eine romantische Geschichte zurückblicken kann. Als Ägypten für kurze Zeit zwischen 1832 und 1840 die Kontrolle über Syrien innehatte, wurde Scharif Pascha, ein Mitglied der ägyptischen Herrscherfamilie, zum Gouverneur von Damaskus ernannt. Als er in der Stadt eintraf, soll er von der legendären Schönheit von Farlan, einer der Töchter der bekannten Familie Azem, gehört und um ihre Hand gebeten haben. Sie war bereits einem Vetter versprochen, doch die Familie beschloss, Scharif Pascha sei wohl die bessere Partie, und erklärte sich mit der Heirat einverstanden. Farlan reiste mit ihrem Mann nach Kairo, wo sie die Sitt al-Scham-Moschee (das bedeutet „Lady von Damaskus") bauen ließ. Vielleicht sorgte sie dafür, dass das Damaszener Zimmer mit ihr nach Kairo gelangte.

Henri Pharaon, ein libanesischer Bankier, Regierungsminister und Geschäftsmann, dem der Hafen von Beirut gehörte und der stolz darauf war, dass seine Postfachnummer im Französisch sprechenden Libanon Boîte Postale 1 lautete, begann im Jahr 1929, für sein museumsähnliches Haus in Beirut Damaszener Zimmer zu sammeln. Das älteste Exemplar, das er erwarb, stammt aus dem 17. Jahrhundert. Außerdem gibt es noch Damaszener Zimmer im großen Palast von Beiteddine (Bait al-Din) in den Drusenbergen von Libanon.

Das Victoria and Albert Museum in London besaß ein Damaszener Zimmer, das 1880 und 1881 von europäischen Händlern erworben worden war, doch wurde es von einer Luftbombe im 2. Weltkrieg beschädigt. Als man 1957 auch noch feststellte, dass es vom Holzwurm befallen war, beschloss man, es zu zerstören. Vier Holzpaneele wurden gerettet; sie befinden sich heute im Archiv und sind nur Wissenschaftlern zugänglich. „Unser Damaszener Zimmer", meint ein Kurator, „ist bloße Erinnerung", obwohl Fotos vom Zimmer immer noch existieren.

Bis zum heutigen Tag werden holzgetäfelte Zimmer aus den alten Häusern von Damaskus ausgebaut und ins Ausland verkauft. Dabei steht man, wie so oft, vor dem Dilemma: Sollte man sie lieber in der Altstadt belassen, damit sie dort zusammen mit den Häusern einstürzen, oder zur sicheren Aufbewahrung ausbauen, selbst wenn dies außerhalb der Landesgrenzen wäre?

Wie bereits erwähnt, war jeder neue Eroberer von Damaskus bestrebt, der Stadt seinen Stempel aufzudrücken, indem er einen großen Palast errichtete und zwar in der Regel an der Stelle, an der der Palast seines Vorgängers gestanden hatte. Mit einer Ausnahme sind all diese Paläste verschwunden – lediglich viele der aus Stein erbauten Khane, Schulen und öffentlichen Bäder vergangener Zeiten kann man noch sehen. Einzig der Azempalast, das heutige Museum für Folklore und Volkskunst Syriens, blieb erhalten. Er wurde von Asad Pascha erbaut, dem berühmtesten Mitglied der Azem-Familie, die im 18. Jahrhundert Damaskus siebenunddreißig Jahre lang beherrschte. Asad Pascha hatte bereits in Hama, wo er Gouverneur war, ein großes Haus erbaut, das heute ein Museum ist. Doch unverzagt begann er 1749 mit dem Bau seines neuen Palastes an der Stelle des Goldpalastes, dem Sitz des mameluckischen Gouverneurs Tengiz. Achthundert Arbeiter brauchten zwei Jahre, um den Azempalast zu bauen; unterdessen durchkämmten Agenten die Altstadt nach Kunstwerken in Stein und Holz, antiken Stücken und anderen Raritäten, die ins Bauwerk eingefügt werden sollten.

(Fortsetzung Seite 144)

Wandgemälde

Wandgemälde kamen Anfang des 19. Jahrhunderts in Mode, als sich nach und nach Darstellungen von Fantasiebauwerken und -landschaften durchsetzten. Nach der Reform des Osmanischen Reichs, als die Verwaltungsmacht wieder in Istanbul lag, wurden Ansichten von Istanbul und dem Bosporus sehr beliebt. Noch später, an der Wende zum 20. Jahrhundert, als moderne Erfindungen wie das Dampfschiff und die Eisenbahn auch im Osmanischen Reich Einzug hielten, tauchten auch sie als beliebte Motive von Wandgemälden auf.

Links: Eine Darstellung des Bosporus ist das Hauptbild im Bait Mudschallid.

Oben: Zwei zarte Gemälde im Iwan des Bait Schamiyya.

Gegenüberliegende Seite:
Abblätterndes Wandgemälde im Bait Barudi, das gegenwärtig restauriert wird.

Oben: Eine riesige Stadtansicht von Florenz ziert eine Wand von Bait Barudi.

Rechts: Ausschnitt aus dem Wandgemälde über einem Regalbrett im Bait Mudschallid.

Folgende Doppelseite: Die Wände im Bait Mudschallid sind ringsum mit Baumlandschaften ausgeschmückt.

Sogar römische Säulen für den Innenhof wurden aus Bosra herbeigeschafft. Al-Budairi – ein Barbier in Damaskus, der Tagebuch über alles führte, was in der Stadt vor sich ging – stellte fest, niemand finde einen Baumeister, solange der Palast noch in Arbeit sei, da alle in Asad Paschas Dienst stünden. Außerdem sei die Wasserversorgung für die normalen Häuser unterbrochen, während das Kanalsystem der Stadt neu gebaut wurde, damit der neue Palast mit Wasser versorgt werden konnte. Als der Palast fertig war, flößte dieser aber selbst al-Budairi Ehrfurcht ein: „Auch wer weit gereist ist und viel gesehen hat, muss zugeben, dass es im ganzen Osmanischen Reich nicht seinesgleichen gibt, nicht einmal den Palast des Sultans selbst."

Das Haus folgte der traditionellen Damaszener Anlage, allerdings in bisher ungekannter Größenordnung – der Haramlik, der Familienhof, ist so groß, dass er heute als Aufführungsort von Konzerten dient. Es gab drei Küchen, und das Haus hatte seinen eigenen Hammam, der fast so groß war wie ein öffentliches Badehaus.

Das heutige Oberhaupt der Azemfamilie, Ziyad al-Azem, erfuhr von seinem Großvater, der noch im Palast gewohnt hatte, er habe regelmäßig eine Mahlzeit mit allen Kindern des Hauses eingenommen – einmal sollen nicht weniger als achtzig dabei gewesen sein; es ist wohl kein Wunder, dass er nicht alle ihren Namen wusste. Dieser Großvater hatte zehn Söhne und sechs Töchter, sodass die Geschichte nicht ganz so unglaublich ist, wie sie klingt.

Alles fand innerhalb des Palastes statt: Schafe wurde herdenweise in den Palast zur Schlachtbank getrieben, den ganzen Tag über wurde Brot gebacken, die Öfen des Hammam wurden nie kalt, es gab sogar eine im Palast wohnende Hebamme. Das Haus hatte zwar Diener, doch das logistische Kunststück, das Haus Tag für Tag ‚funktionstüchtig' zu erhalten, war ein Werk der Frauen. Ziyad al-Azem äußert sich stolz: „Unsere Frauen waren nicht träge französische Herzoginnen, sie haben hart gearbeitet ... denn wenn eine Tochter im Ruf stand, gut organisieren zu können, war das eine fast ebenso wichtige Eigenschaft wie Schönheit, wenn es darum ging, einen guten Ehemann zu finden."

Die Frauen von Damaskus verließen in jener Zeit selten das Haus, lediglich an Familienbesuchstagen und zu einem Besuch im Badehaus (allerdings nicht die Frauen im Azempalast, die ja ein eigenes hatten). Das hieß aber nicht unbedingt, dass sie ungebildet gewesen wären. In vornehmen Familien wie den Azems erwartete man, dass sie lesen und schreiben konnten und Fremdsprachen beherrschten. Nur Männer und Frauen, die aus religiösen Gründen nicht miteinander verheiratet sein durften – Vater/Tochter, Bruder/ Schwester –, durften sich ins Gesicht blicken; bei jeder anderen Gelegenheit mussten die Frauen verschleiert sein. Dasselbe gilt für Frauen, die heute den Hidschab, das Kopftuch, tragen. Josias Porter beschrieb, welchen Anblick ein Suk in den 50er-Jahren des 19. Jahrhunderts bot: „Die seltsamen Gestalten, die man inmitten der Menge von Kopf bis Fuß in weiße Tücher eingehüllt sieht, sind die Frauen."

Im Azempalast wurden zwei Hauptmahlzeiten am Tag serviert – eine zwischen 10 und 11 Uhr vormittags, bevor die Männer der Familie zu ihren Gütern und Dörfern ritten, und eine zweite am Abend bei Sonnenuntergang. Die Beys, die Herren des Hauses und die Knaben über acht, aßen zuerst, die Frauen, Mädchen und kleinen Kinder danach, schließlich die Diener. Nichts vom Essen wurde weggeworfen – es wurde Menschen in Not gegeben. Nach dem letzten Gebet am Abend wurde das Haus verschlossen, sodass – zumindest theoretisch – niemand mehr ein noch aus konnte; es war aber bekannt, dass die Männer sich in das „freie jüdische Viertel" schlichen. „Es dürfte kaum einen Mann in Damaskus gegeben haben", so Ziyad al-Azem, „der nicht eine jüdische *Petite Amie* hatte."

Die Azems verkauften den Palast 1922 an die französische Regierung für 22.000 Goldpfund, doch der Verkauf stand unter schlechten Vorzeichen. Es begann damit, dass achtundsechzig Erben beteiligt waren und einige sich weigerten, ihren Anteil herzugeben. Schließlich aber zog das Institut Français d'Archéologie et d'Art Musulman in den Haramlik, und der französische Hochkommissar, General Sarrail, schlug sein Hauptquartier im Salamlik auf. Das erwies sich für den Palast als verhängnisvoll, denn während des Aufstands gegen die Franzosen 1925 war General Sarrail eindeutig Ziel des Volkszorns, und die Aufständischen griffen das Haus an. Als sie feststellten, dass er sich nicht im Haus aufhielt, plünderten sie die Räume und setzten das Gebäude in Brand. Der Palast brannte zwei Tage lang, und zahlreiche Kostbarkeiten in der Bibliothek und dem kleinen Museum wurden vernichtet, gestohlen oder gingen verloren, darunter auch ein Archiv mit zweitausend fotografischen Platten. Doch „der Azempalast ist weit von einer völligen Zerstörung entfernt", behauptete der unerschütterliche Direktor des Instituts, M. de Lorey, und die Wiederaufbauarbeiten begannen. Als die Franzosen 1946 Syrien verließen, gelangte das Gebäude in den Besitz des Staates Syrien, und ein Museum wurde darin untergebracht. Angesichts der Tatsache, dass Asad Pascha zu seinem Vermögen durch Ausbeutung der Bevölkerung von Damaskus in Form von Steuern und Monopolen, durch Konfiskationen und Spekulationen gekommen war, ist es nur recht und billig, wenn heute die syrische Regierung seine beiden herrlichen Bauwerke besitzt – den Azempalast und den unweit davon gelegenen Asad-Pascha-Khan.

Gegenüberliegende Seite: Der Eingang in den Azempalast (dem heutigen Museum für Folklore und Volkskunst) ist so raffiniert angelegt, dass man den Innenhof von der Tür aus nicht sehen kann.

Zu den führenden Aristokraten von Damaskus zählten im 19. und zu Beginn des 20. Jahrhunderts sieben Elitefamilien, deren Söhne und Töchter traditionellerweise untereinander heiraten: die Azems, die Mardam Beys, die Ghazzis, die Hamzas, die Abds, die Adschlanis und die Yusufs. Vier davon waren religiöse Familien, während die Mardam Beys, die Abds und die Azems ihren Status durch politische Macht erlangt hatten – die Azems im 18., die anderen beiden im 19. Jahrhundert.

Es gibt zuverlässige Quellen, die besagen, dass seit der Zeit des ersten berühmten Vorfahren, Ismail, die Azems in nur drei Generationen mehr als vierhundert Mitglieder zählten. Es war damals allerdings nicht ungewöhnlich, wenn ein reicher Mann vier Frauen hatte und folglich zahlreiche Kinder. Im 19. Jahrhundert muss es daher Hunderte und Aberhunderte von Azems gegeben haben, und es ist durchaus denkbar, dass zahlreiche große Häuser in Damaskus, die heute andere Namen tragen, ursprünglich einmal von ihnen bewohnt waren. Es gab ganz sicher ein Azemhaus neben der Medrese Abdullah Azem, von dem heute nur noch ein Tor und Ruinen übrig sind, denn leider wurde dieses Haus vor einigen Jahren zugunsten eines Entwicklungsprojekts, das nie realisiert wurde, abgerissen.

Unmittelbar vor den Mauern der Altstadt ist zwischen den neuen grauen Betonbauten von Suk Sarudscha ein weiterer Palast verborgen, der einmal den Azems gehört hatte. Wie der berühmte Azempalast ist auch er heute ein Museum – das Historische Museum von Damaskus, in dem Urkunden und das Stadtarchiv aufbewahrt werden. Besser bekannt ist der Palast als Sitz von Khalid al-Azem, der 1962 Premierminister von Syrien war. Niemand kennt die Geschichte dieses Hauses genau. Zu Beginn des 20. Jahrhunderts wurde es von Khalid al-Azems Vater, Mohammed Fawzi Pascha, bewohnt, einem Minister, der zu den vornehmsten Persönlichkeiten der Stadt gehörte und jeden Morgen auf traditionelle Weise zahlreiche Besucher im Salamlik des großen Hauses empfing. Wenn er diese Empfänge beenden und sich zum Essen mit seiner Familie in den Haramlik zurückziehen wollte, warf er das Mundstück seiner Wasserpfeife als Zeichen für die Gäste zu Boden.

Das Haus soll zwischen 1849 und 1862 preußisches Konsulat gewesen sein – das geht aus Skizzen hervor, die der Konsul Johann Gottfried Wetzstein, ein Gelehrter und Orientalist, von dem Ort anfertigte und in Briefen nach Hause schickte. Ein Freund des Konsuls, der sich während einer Reise durch den Nahen Osten in diesem Haus aufgehalten hat, berichtete, im ersten Innenhof seien riesige Feigenbäume von der Größe von Eichenbäumen gewachsen sowie die üblichen Orangen- und Zitronenbäume und Weinreben. „Der Iwan und die drei anderen Wohnräume sind einer schöner als der andere.“ Der Konsul selbst schrieb über die zentrale Qa'a seines Hauses, sie habe farbige Glasfenster wie das Innere einer Kirche.

In den Hauptinnenhöfen befanden sich die Konsulatbüros, die Unterkünfte der Diener und die Ställe sowie eine große Küche und ein Hammam. Der Konsul selbst und seine Frau wohnten im ersten Stock. Vom Dach aus hatte man einen herrlichen Blick auf die Berge. In einem Brief an den preußischen Gesandten in Istanbul nach dem Massaker an den Christen von 1860 berichtete Konsul Wetzstein, das Haus habe vorübergehend bis zu 604 Menschen Unterschlupf geboten. Kein Wunder, dass der nächste Konsul in ein etwas kleineres Haus zog. Ernst Lütticke, der am Ende des 19. Jahrhunderts Konsul war, wohnte in der Nähe des Suk al-Hamidiyya und war offenbar sehr beliebt. Die unermüdliche englische Reisende Gertrude Bell schrieb bei einem Besuch in Damaskus 1905: „Als ich vor fünf Jahren nach Damaskus kam, war Lütticke mein engster Berater und Freund – ein Freund, dessen Tod viele Reisende in Syrien betrauern werden. Lütticke war Leiter des gleichnamigen Bankhauses und deutscher Honorarkonsul.“

(Fortsetzung Seite 154)

Gegenüberliegende Seite: Jugendstilspiegel im europäischen Stil im Historischen Museum.

Rechts: Der Haramlik im Azempalast.

Unten: Traditionelle, mit Perlmuttmarketerie verzierte Sunduq (Truhe) im Historischen Museum.

Farbiger Pastendekor

Für den farbigen Pastendekor wird zunächst ein Muster in einen Steinblock geritzt, das dann mit Pasten aus verschiedenfarbigen gemahlenen Steinen aufgefüllt wird, sodass sich der Eindruck komplexer Steineinlegearbeiten ergibt. Die Technik war eine Erfindung der Mamelucken im 14. Jahrhundert, aber erst die Handwerker in Damaskus entwickelten sie im Lauf der Jahrhunderte zu außergewöhnlicher Schönheit und Perfektion. Diese Dekorationstechnik erfreute sich bis ins 19. Jahrhundert besonderer Beliebtheit.

Oben: Traditionelle Pastendekormuster über einer Tür im Bait Sibai. Geometrische Sternmuster finden sich häufig in der islamischen Dekorationskunst.

Gegenüberliegende Seite: Farbiger Pastendekor und Steinmetzarbeiten im Bait Dahdah.

Folgende Doppelseite: Üppiger, kunstvoller Dekor aus farbiger Paste ziert die Wände dieses Empfangsraums im Historischen Museum.

Gegenüberliegende Seite: Mit farbigem Pastendekor verzierter Steinbogen im Bait Sayrawan.

Oben: Eine Wand mit herrlichem farbigem Pastendekor und geometrisch verzierten Türen im Bait Sibai.

Links: Die Innenfassaden von Bait al-Istwani sind mit erlesenem farbigem Pastendekor ausgeschmückt.

Oben: Der Empfangsraum des deutschen Konsulats unweit des Suk al-Hamidiyya Ende des 19. Jahrhunderts.

Gegenüberliegende Seite: Der riesige Empfangsraum im Bait al-Yusuf ist aufwändig im osmanischen Barockstil verziert.

Neben dem Haus von Khalid al-Azem befindet sich in Suk Sarudscha noch ein weitläufiger Palast, das Bait al-Yusuf. Beide Häuser haben eine Verbindungstür; man nimmt an, dass sie einmal ein einziges Haus waren. Nadia Khost, eine Schriftstellerin und Journalistin in Damaskus, berichtet, dass die Mitglieder des syrischen Parlaments, als die Franzosen 1945 die Stadt beschossen, über die Hintergassen von Suk Sarudscha flohen und Unterschlupf im Bait al-Yusuf suchten. Als auch dieses Haus unter Beschuss geriet, seien sie durch die Verbindungstür in Khalid al-Azems Haus geeilt und von dort aus in die Stadt geflohen.

Bait al-Yusuf war zu Beginn des 20. Jahrhunderts berühmt, weil es das Haus eines weiteren herausragenden Damaszeners war: Abd al-Rahman Pascha al-Yusuf. Die Yusufs waren Kurden. Sie waren um 1800 als Schafhändler nach Damaskus gekommen, aber schon die nächste Generation stieg in der osmanischen Verwaltungshierarchie auf, und die vorteilhafte Ehe mit dem einzigen Kind – einer Tochter - der reichen und angesehenen, ebenfalls kurdischen Familie Schamdin, bestimmte ihren weiteren Werdegang. Dieser Ehe entsprang Abd al-Rahman Pascha. Er erbte 1892 nicht nur Reichtum und Ehre, sondern von seinem Schwiegervater auch das Amt des Patrons der Pilgerfahrt nach Mekka, des Emir al-Hadsch. Er war sogar der *letzte* Emir des Hadsch, denn das Amt erlosch, als das Osmanische Reich zusammenbrach. Er fiel 1920, als die Franzosen die Macht in Syrien ergriffen, einem Attentat zum Opfer. Abd al-Rahman baute das Familienhaus, Bait al-Yusuf, aus und ließ es in einem geradezu sagenhaft extravaganten Stil neu ausschmücken. Es wurde ein Mittelpunkt der Gastlichkeit, nicht nur für die Reichen und Mächtigen, sondern auch für die Armen aus Akrad, dem Kurdenviertel von Damaskus, an die von einer Küche außerhalb des Hauses Nahrungsmittel ausgeteilt wurden. Heute sind im Bait al-Yusuf 35 Familien sowie Geschäfte untergebracht. Das Haus verfiel im Laufe der Jahre und ist heute in einem sehr schlechten Zustand.

Die Ibischs, ebenfalls Kurden, kamen als Viehhändler nach Damaskus und hatten mit dem Pferdehandel Erfolg. Ihr Haus stand auch in Suk Sarudscha; heute ist es das Restaurant der syrischen Gewerkschaft, ein angenehmes Speiselokal. Ende des 19. Jahrhunderts handelte der Großvater der jetzigen Generation im ganzen Nahen Osten mit Vollblütern und wurde auf diese Weise zum Freund des Prinzen Yusuf Kamal, eines Mitglieds der ägyptischen königlichen Familie, dem er seinen Sohn Husain vorstellte. Der Prinz war ein begeisterter Großwildjäger und hatte den jungen Husain binnen kurzem dazu überredet, ihn auf einer größeren Jagdexpedition nach Afrika zu begleiten. Insgesamt dreimal bereisten die beiden Afrika und Indien – 1910, 1915 und 1926 –, jedes Mal dauerte die Reise länger als ein Jahr. Die Tiere, die sie erbeuteten, teilten sie untereinander auf und schickten sie nach London zum Ausstopfen. Prinz Yusuf Kamals Anteil kam in das Jagdmuseum im Manijal-Palast in Kairo („nicht gerade ein Ort für Tierfreunde", urteilt der *Lonely Planet Guide*), Husains Beute wurde in der Qa'a des Familienhauses ausgestellt, wo sie sich noch heute unter Verschluss befindet, sogar nachdem das Haus in den Besitz der Gewerkschaft gelangte. Ein Blick durch die Fenster der Qa'a bot eine surreale Szene: an den traditionell bemalten Wänden und auf dem Marmorboden befanden sich Elefantenfüße, Löwenfelle, ein Giraffenkopf und unzählige Schädel mit Geweihen. 1998 wurde die Sammlung von der syrischen Regierung übernommen und in die Qa'a des Bait Sibai gebracht, wo sie sich heute befindet, ebenso unangemessen und surreal anmutend untergebracht wie schon im ursprünglichen Haus.

Will man die Geschichte der Damaszener Häuser erforschen, dann steht man unter anderem vor der Schwierigkeit, dass jedes Haus nach seinem jeweiligen Eigentümer benannt wird, sodass der Name des Hauses mit jedem neuen Eigentümer wechselt. Es ist erstaunlich, wie schnell vieles in Vergessenheit gerät – wer von uns weiß jedoch schon etwas über die früheren Besitzer seines Hauses?

Ein weiteres Problem ist, dass zahlreiche der bekannten Häuser verschwunden sind. Einige mussten der modernen Stadtentwicklung weichen (zum Beispiel die Häuser in Suk Sarudscha), andere wurden von den Franzosen während des Aufstands von 1925 zerstört, und einige waren so herabgekommen, dass sie schlichtweg einstürzten. Das Haus der

Familie Bascha zum Beispiel wurde offenbar abgerissen, als die Straße von der Geraden Straße zum Bab al Saghir verbreitert wurde – glücklicherweise wurde eine besonders kunstvolle Steinmetzarbeit aus dem Hauptempfangsraum sorgfältig ausgebaut, aufbewahrt und schließlich in den 1980er-Jahren in eines der Gästehäuser des Staates, der heutigen Damaszener Halle, eingebaut.

Ungeklärt bleibt der ehemalige Standort des Hauses von Ali Agha. Mehrere europäische Reisende des 19. Jahrhunderts, darunter Charles Addison und Josias Porter, deren Beschreibungen bereits zitiert wurden, bezeichneten es als eines der schönsten Häuser von Damaskus – aber es scheint wie vom Erdboden verschwunden zu sein. Mit Ali Agha nahm es ein trauriges Ende. Er war Türke, heiratete aber eine Azemtochter, was ihm Eingang in diese vornehme Familie verschaffte, und arbeitete in der kurzen Zeit, in der die Familie über Syrien herrschte, für die Ägypter. Die bereits erwähnte Farlan, die mit dem ägyptischen Gouverneur von Damaskus, Scharif Pascha, verheiratet wurde, war seine Tochter. Trotz dieser engen Familienverbindung mit den Herrschern wurde Ali Agha 1839 des Verrats angeklagt und zum Tod verurteilt. Er war ungewöhnlich reich, ein Mann von hervorragendem Geschmack und außerordentlich gebildet und Ausländern gegenüber offenbar sehr aufgeschlossen, denn seine Residenz ist eines des wenigen muslimischen Häuser, über die Reisende aus dem Westen berichteten. Zwanzig Jahre nach Ali Aghas Tod meldete Murrays *Handbook*, sein Haus sei in ein Hotel umgebaut worden; danach verschwand es offenbar. Kürzlich aber entnahm Stefan Weber vom Deutschen Institut für Archäologie in Damaskus Quellen, Ali Aghas Haus sei heute unter dem Namen Bait Nizam bekannt, gehöre der syrischen Regierung und könne an Vormittagen besichtigt und auch für gesellschaftliche Anlässe gemietet werden.

Gleich um die Ecke von Bait Nizam liegt ein weiterer herrlicher Palast, Bait Sibai, der ebenfalls der Regierung gehört und besichtigt werden kann – seit 1998 ist hier Ibischs Sammlung ausgestopfter Jagdtrophäen untergebracht. Der Ursprung von Bait Sibai ist unklar – einige behaupten, es habe einmal der vornehmen religiösen Familie Hamza gehört, andere, es sei ein Haus der Azems gewesen. In den 1990er-Jahren hatten es der deutsche Botschafter in Damas-

Links: Ein weiterer Blick in den bemerkenswerten Empfangsraum von Bait al-Yusuf, der Anfang des 20. Jahrhunderts ein beliebter Treffpunkt der Damaszener Gesellschaft war.

Rechts: Zu den herausragendsten Persönlichkeiten von Damaskus zählte im frühen 20. Jahrhundert Abd al-Rahman Pascha al-Yusuf und Emir al-Hadsch, hier auf einem Foto aus dem Jahr 1910.

kus mit seiner Frau einige Jahre lang als offizielle Residenz gemietet, um den Menschen die Herrlichkeiten der Altstadt vor Augen zu führen. Es war nicht das erste Mal, dass dieses Haus mit Europäern in Verbindung stand – in den 1950er-Jahren wohnte hier der belgische Konsul Marquis Louis de Sau, der in der Welt der Diplomatie berühmt-berüchtigt war. Diese Geschichte ist interessant: Der Marquis war Konsul im Libanon und auch für Syrien verantwortlich, was zur Folge hatte, dass er ständig zwischen Beirut und Damaskus hin und herreiste. Bis heute weiß niemand so genau, was er dabei eigentlich machte, doch wurde er an der Grenze zwischen Syrien und Libanon mit Waffen in seinem Auto erwischt, und da bekannt war, dass er mit den Palästinensern sympathisierte, wurde er angeklagt, für sie Waffen zu geschmuggelt zu haben. Der Skandal war groß, die belgische Regierung verlangte seine Rückkehr nach Brüssel. Der Marquis musste den diplomatischen Dienst quittieren und lebte danach unbehelligt in Arna, einem hübschen Dorf in den Bergen Syriens, wo er schließlich seine Haushälterin heiratete, ein dreißig Jahre jüngeres Mädchen aus der Gegend. In seinem neuen Leben interessierte er sich leidenschaftlich für Gärtnerei und Obstanbau – und importierte neue Pflanzensorten aus Belgien, um die Produktion von Äpfeln und Erdbeeren in Syrien zu verbessern. Der Marquis kehrte nie mehr nach Europa zurück, doch kamen die beiden Söhne aus seiner ersten Ehe mit einer Belgierin oft auf Besuch nach Syrien. Später zog er von den Bergen in ein Dorf unweit der Küste bei Tartus, wo er 1994 starb.

Im 19. Jahrhundert zogen drei weitere höchst ungewöhnliche Ausländer nach Damaskus, von denen zwei bis zu ihrem Tod dort blieben und der dritte knapp zwei Jahre in Syrien zubrachte, ehe er nach London zurückberufen wurde. Es handelt sich um Abd al-Qadir al-Dschazairi, einen algerischen Emir bzw. Prinzen, der von den Franzosen aus seiner Heimat vertrieben worden war, als diese dort die Macht ergriffen; die Zweite war Jane Digby, die freiwillig von England ins Exil ging, der Dritte war der herausragende Forscher und Linguist Richard Burton, der sich in Damaskus als britischer Konsul aufhielt. Alle drei wurden enge Freunde: „Wer jemals Abd Al-Kadir, Mrs. und Captain Burton zusammen antrifft, wird einem außergewöhnlichen Konversationsgenuss begegnen und sehr abwechslungsreichen Erlebnissen", schrieb Burtons Frau Isabel. Sie nannte Jane Digby immer „Mrs.", um auch nur den Anflug von Tratsch oder Skandal zu verhindern.

Abd al-Qadir traf 1852 mit einem gewaltigen Familien- und Wächtergefolge in Damaskus ein. Er kaufte mehrere Häuser am Barada unweit dem Bab al-Faradis und ließ sich dort nieder. Einem Historiker zufolge war seine Ankunft eine Sensation in der Damaszener Gesellschaft. Er hatte alles: Er war klug, verfügte über ein großes Wissen, beherrschte zahlreiche Sprachen und war unter anderem reich dank einer Pension aus Frankreich. Außerdem stammte er vom Propheten und einem Sufischeich ab, vor allem aber war er ein Held, denn in Algerien hatte Abd al-Qadir in dem Versuch, die Franzosen aus seinem Land zu jagen, fünfzehn Jahre lang mutig gegen sie gekämpft, musste sich aber schließlich ergeben. Es wurde vereinbart, dass er und seine Offiziere ins Exil gehen durften, doch kaum waren sie an Bord des Schiffes, das sie angeblich nach Beirut bringen sollte, erklärte man ihnen, sie führen in Wirklichkeit nach Frankreich, wo man sie ins Gefängnis stecken würde. Abd al-Qadir und seine Mitstreiter wurden vier Jahre lang in verschiedenen Schlössern an der Loire festgehalten, bis Napoleon III. an die Macht kam. Der Kaiser empfand Sympathie mit den Exilanten, denn er war selbst im Exil gewesen, und so soll er sich persönlich in das Schloss, in dem Abd al-Qadir festgehalten wurde, begeben und verkündet haben: „*Émir, vous êtes libre*". In seinem Buch *Mirror of Damascus* zeichnet

Links: Das Mauerwerk vom Bait al-Bascha ziert heute ein Gästehaus des Präsidenten.

Oben: Die Ecken des Iwan im Bait Nizam sind mit ungewöhnlichen Ornamenten dekoriert.

Gegenüberliegende Seite: Der große Empfangsraum im Bait Nizam, dem ehemaligen Haus von Ali Agha, in dem Mitte des 19. Jahrhunderts mehrere Besucher aus dem Westen empfangen wurden.

Colin Thubron ein prägnantes Bild von dieser Zeit: „Mir kamen nicht seine Kriege in den Sinn, nur seine unangemessene Inhaftierung an der Loire und seine Freilassung durch Louis Napoleon; wie der Kaiser und der Emir sich niederließen, um auf dem Boden von Château d'Ambiose Couscous zu essen, wie Abd El-Kadir in der Halle von St. Cloud zum Nachmittagsgebet niederkniete und wie er zufällig den Zustand seiner Krieger unter den Flaggen der Gefangenen im Hôtel des Invalides sah."

Er kam frei, durfte aber nicht nach Algerien zurückkehren, und so beschloss er, nach Damaskus ins Exil zu gehen, wo er rasch zum wichtigsten Bürger aufstieg. Sein Charme war legendär – als Isabel Burton ihm sagte, sein Kräutertee sei ein derart vorzügliches Mittel gegen Kopfschmerzen, dass sie eigentlich jedes Mal, wenn sie Kopfschmerzen habe, ihn besuchen müsse, erwiderte er lachend, wenn dem so sei, dann hoffe er, sie werde jeden Tag Kopfschmerzen haben. „Sein Geist ist so anziehend wie sein Antlitz", schrieb sie. „Er ist jeder Zoll ein Sultan." „Kein Damaskusbesuch war vollständig ohne einen Besuch bei diesem edlen Emir", meinte Henry Jessup, der amerikanische Missionar. „Er wurde von europäischen Notabeln, französischen Adligen, englischen Lords, amerikanischen Touristen, protestantischen und katholischen Missionaren und mohammedanischen Pilgern aus Asien und Afrika aufgesucht. Er erklärte alle Menschen zu seinen Brüdern."

Das war keine leere Prahlerei: Acht Jahre nach seiner Ankunft in Syrien wurde Abd al-Qadir noch einmal zum Helden. 1860, als die Muslime die Christen angriffen, hielt er sich gerade nicht in der Stadt auf, doch als er hörte, dass es Probleme gab, eilte er zurück und spielte eine wesentliche Rolle bei der Rettung von Menschenleben. „Abd El-Kadir und seine Männer standen zwischen den Lebenden und den Toten", schrieb Dr. Mischaqa, ein syrischer Christ, von dem der einzige von einem Überlebenden verfasste Bericht über das Massaker stammt. Sie schlossen die schockierten Christen zu Gruppen zusammen und brachten sie unter Bewachung in die Zitadelle, wo sie sicher waren. Unterdessen füllten sich Abd al-Qadirs Häuser am Bab al-Faradis mit Hunderten von Flüchtlingen – „europäischen Konsuln und einheimischen Christen" –, und bald wandte sich der Pöbel gegen ihn. „Der Held ließ kühl sein Pferd satteln, legte Harnisch und Helm an, bestieg das Pferd und zog seinen Säbel. Allein stürmte er mitten unter sie. ‚Ihr erbärmlichen Schufte', rief er. ‚Ehrt ihr so euren Propheten? Schande über euch … Ich werde keinen einzigen Christen im Stich lassen. Sie sind meine Brüder.'"

Abd al-Qadir rettete Hunderten von Christen das Leben und wurde von führenden Staatsmännern aus aller Welt mit Orden ausgezeichnet und Geschenken belohnt. Er erhielt unter anderem ein Paar goldbeschlagener Revolver vom Präsidenten der Vereinigten Staaten, ein Schwert von der

Gegenüberliegende Seite: Die Ataba in dem auf der vorangehenden Seite abgebildeten Empfangsraum im Bait Nizam.

Unten: Detailansicht eines Schnitzwerkes im Bait Nizam.

Königin von England, einen Orden vom Papst, doch dürfte er sich am meisten darüber gefreut haben, dass ihm – gewiss eine Ironie in höchstem Maß – von der französischen Regierung, seiner alten Gegnerin, der Orden der Ehrenlegion verliehen wurde.

Der Emir heiratete insgesamt fünf Frauen (seine erste, eine algerische Cousine, war dick und hässlich geworden, durfte aber immer noch als Einzige sitzen bleiben, wenn er die Qa'a seines Hauses betrat) und hatte sechzehn Kinder.

Als Abd al-Qadir 1883 starb, wurde er in der Muhi al-Din-Moschee neben dem Grab des Sufischeichs Ibn Arabi beigesetzt, dessen Lehren er befolgt hatte. Doch als Algerien 1962 unabhängig wurde, wollte die neue Regierung, dass der Leichnam ihres Widerstandshelden in seine Heimat überführt werde. Seine Urenkelin Amira Amal al-Dschazairi begleitete den Sarg nach Algerien, wo er mit 101 Salutkanonenschüssen und einer Schweigeminute empfangen wurde. Allen Familienmitgliedern wurden Häuser und

Pensionen angeboten, damit sie sich in Algerien niederließen. Die meisten nahmen das Angebot an, nur Amira Amal zog es vor, in Damaskus zu bleiben, wo sie als Vorkämpferin der Frauenausbildung sehr veehrt wird. Sie ist stolze Erbin des ihrem Urgroßvater verliehenen Ordens der Ehrenlegion mit seinem hübschen Band in Rosa und Grün, sodass der Orden zumindest bis jetzt in Damaskus verbleibt, der Stadt, in der er so mutig erkämpft worden war.

Die Häuser von Abd al-Qadir am Fluss haben inzwischen neue Eigentümer. Sein Privathaus, ein klassischer Damaszener Palast mit schwarz-weiß gestreiften Wänden, ist heute ein Altersheim; es verfällt schon seit langem, und es findet sich kein Hinweis mehr darauf, dass diese berühmte Persönlichkeit hier einmal wohnte oder dass die Elite von Damaskus durch diese Türen ein und ausging. Unweit davon aber steht ein anderes Haus, das einem seiner Söhne gehörte und das in einem unübersehbar nordarabischen Stil dekoriert ist. An der Wand findet sich der Wahlspruch: „Sei bescheiden wie der Halbmond, der sich im Wasser spiegelt, nicht arrogant wie der Rauch, der, obwohl ein Nichts, versucht, den Himmel zu erreichen." Es ist noch nicht lange her, da wurde das Haus als Schule für palästinensische Flüchtlinge genutzt; an der gegenüberliegenden Wand finden sich hässliche Graffiti. Aber man begegnet auch Erfreulichem – Abd al-Qadir hatte sich eine eigene Brücke über den Fluss erbauen lassen. Gertrude Bell durfte sie überqueren, als sie seine Söhne nach seinem Tod besuchte. „Schließlich wurde ich über eine kleine Brücke in einen Garten voller Veilchen geführt, durch den wir zu Ställen gelangten, die so gut durchlüftet, hell und trocken waren wie nur die besten in Europa." Heute gibt es die Ställe nicht mehr und auch nicht die Veilchen, nur hässliche Betonbauten, aber man kann immer noch auf der Brücke stehen und sich vorstellen, wie es gewesen sein muss, als es auf der anderen Seite des Flusses Obstplantagen und Gärten gab, zwischen denen ganz in der Nähe Jane Digbys Haus stand.

Ein Jahr, nachdem sich Abd al-Qadir in Damaskus niederließ, traf Jane Digby, eine attraktive englische Adlige, als Touristin in der Stadt ein. Sie war fünfundvierzig und hatte ein ungewöhnliches Leben geführt, in dessen Verlauf sie mit einem englischen Lord, einem deutschen Baron und einem griechischen Grafen verheiratet war und zahlreiche Liebhaber gehabt hatte, unter anderem König Ludwig von Bayern. In Syrien lockte sie der Scheich des Beduinenstammes, der den Reiseweg nach Palmyra kontrollierte; sie war ihm begegnet, als sie nach einem Führer suchte. Er war zwanzig Jahre jünger als sie. Trotzdem heiratete sie unter scharfer Missbilligung des damaligen britischen Konsuls den Scheich und lebte mit ihm glücklich bis zu ihrem Tod 1881.

Sie war mit ihrem Mann übereingekommen, dass sie einen Teil des Jahres in den schwarzen Zelten des Stammes in der Wüste verbringen würde und einen Teil in Damaskus. Schon vor ihrer Ehe hatte sie sich ein Grundstück vor den Toren der Stadt inmitten von Gärten, Obstanlagen und Flussläufen gekauft, die man von Abd al-Qadirs Brücke aus sehen konnte. Dort ging sie ihrer Lieblingsbeschäftigung nach – sie entwarf, baute und möblierte ein Haus. In seiner Anlage folgte Jane Digbys Haus im Wesentlichen der klassischen Damaszener Form, aber sie ergänzte sie durch einige englische Akzente: Im Erdgeschoss befand sich ein Zimmer mit einer hohen achteckigen Decke, die nach europäischer Art tapeziert war, in die Wände aber waren die traditionellen verzierten Holzschränke eingelassen. Ansonsten war das Haus um den üblichen Innenhof herum gebaut. Im oberen Stockwerk hatten Jane und ihr Scheich getrennte Räume: Ihre Zimmer möblierte sie im englischen Stil – ihr Salon war mit strohfarbenen Vorhängen und englischen Möbeln ausgestattet, die sie in Europa bestellt hatte. Ihre Familie schickte ihr alles, was sie wollte, sogar Samen für ihren Gemüse- und Blumengarten und Kleidung, sodass sie mit der Mode in ihrer Heimat Schritt hielt. Einmal waren Isabel Burton, Jane Digby und Signora Castelli, die Frau des italienischen Konsuls, zur Hochzeit der Tochter des Gouverneurs von Damaskus eingeladen. Die Damen dieses Haushalts, die die drei Frauen aus dem Westen bereits gut kannten, baten sie, in ihren europäischen Ballkleidern zu erscheinen – und das taten diese auch. Es muss ein herrlicher Anblick gewesen sein: die ausländischen Frauen mit ihren geschnürten Taillen, den bauschigen Reifröcken und den schulterfreien Miedern und die Damen des Harems in ihrer orientalischen Tracht.

Jane Digbys Haus wurde für Damaskusbesucher zu einem bedeutenden Treffpunkt – für alle, die den Klatsch über ihr skandalträchtiges Leben gehört hatten, die von ihrer Hochzeit mit dem Scheich wussten und unbedingt sehen wollten, wie sie lebte. Stets waren sie überrascht und beeindruckt von der Vornehmheit und Eleganz ihrer Umgebung. Jane Digby empfing niemanden ohne Empfehlungsschreiben. Sie fragte sich sogar, warum der junge Prince of Wales bei seinem Syrienbesuch 1862 sie aufsuchen wollte – „reine Neugier, nehme ich an", schrieb sie in ihr Tagebuch. Er wiederum schrieb in sein Tagebuch, Jane sehe für eine Frau über fünfzig sehr gut aus und habe ihr Haus „reizend eingerichtet … wie auch ihren Garten voller Rosen".

Nicht jeder war so offen. Ein amerikanischer Reisender, Charles Dudley Warner, war peinlich berührt, als er ihr in der Kirche begegnete. Er meinte entsetzlich fromm: „Wir trafen eine kleine Handvoll Kirchgänger in der Missionskirche und unter ihnen – der Himmel möge verhüten, dass wir sie an einem Sonntag zu Augen bekommen! – eine exzentrische und irgendwie verrufene englische Dame von Adel, die Tisch und Bett mit einem arabischen Scheich in seinem Harem vor den Toren der Stadt teilt.

(Fortsetzung Seite 165)

Abd al-Qadir al-Dschazairi mit seinen Orden, darunter die Schärpe der Ehrenlegion.

Links: Eine der Residenzen von Abd al-Qadir weist eine typisch nordafrikanische Dekoration auf. Sie wurde von einem seiner Söhne bewohnt.

Unten: Iwan in dem von Abd al-Qadir bewohnten Haus am Fluss.

Ganz unten: Architekturzeichnung des Iwan und der Fassade von Abd al-Qadirs Haus.

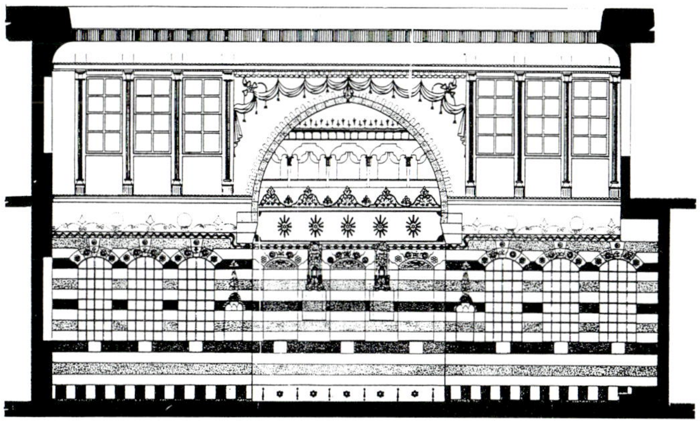

Ich erröte …, wenn ich sehe, wie sich eine Dame, die von der gesitteten Zivilisation Englands genährt wurde, einem dieser rauen Bigamisten in der Wüste in die Arme wirft."

Janes ganzer Stolz und ganze Freude war ihr Garten – ihr Innenhof war mit den traditionellen Bäumen, Pflanzen und Brunnen in der Mitte ausgestattet, in dem riesigen Garten rund um das Haus aber legte sie Kräuterbeete und Wege an, ließ ein kleines, von Jasmin und Rosen bewachsenes Sommerhaus errichten und pflanzte die unterschiedlichsten

(Fortsetzung Seite 167)

Oben: So präsentiert sich heute die Decke des achteckigen Zimmers in Jane Digbys erstem Haus.

Links: Blick über den Fluss von der Brücke hinter Abd al-Qadirs Haus.

Gegenüberliegende Seite: Detail eines Fensters in Abd al-Qadirs Haus, dessen Ornamentik nordafrikanische Einflüsse aufweist.

seltenen Bäume und Sträucher an. Jane Digby soll die Magnolie in Syrien eingeführt haben. „Ich habe keinen Gärtner, außer mir selbst und Büchern, nichts außer einem einheimischen Mann, der, wenn ich einen Steingarten anlegen will und den ganzen Tag gearbeitet und mir die Hände blutig zerkratzt habe, hingeht, alles umwirft und es als Mist bezeichnet!", schrieb sie.

1862 beschloss Jane, das Haus, in dem sie acht Jahre zugebracht hatte, zu verkaufen. „Mein Hang zu Veränderungen und mein Unternehmungsgeist könnten mich dazu verführen, es zu verkaufen, wenn man mir meinen Preis zahlt ...", hatte sie schon einige Zeit zuvor geschrieben. In diesem Jahr erhielt sie offenbar ein gutes Angebot, denn sie kaufte ein Grundstück in der Nachbarschaft und begann, ein neues „schönes und noch größeres Haus zu errichten".

Mary Lovells Biografie über Jane Digby aus dem Jahr 1995 weckte das Interesse an ihrem Leben sosehr, dass Damaskusbesucher heute genauso gespannt darauf sind zu sehen, wo sie lebte, wie vor hundert Jahren. Seit ihrer Zeit aber wurde aus der Gegend, in der Jane ihre Häuser errichtet hatte, ein intensiv bebautes Viertel von Damaskus mit einer stark befahrenen Hauptstraße, der König-Faisal-Straße, die das Viertel von der Altstadt trennt. Trotzdem konnten Mary Lovell und ihr syrischer Führer, Hussein Hinnawi, Janes erstes Haus ausfindig machen, das sich inzwischen zwar dreißig arme Familien teilen und das in einem entsetzlichen Zustand ist, aber dank seines achteckigen Dachs und der europäischen Tapete mühelos identifiziert werden kann. Ihr zweites Haus blieb unauffindbar.

Isabel Burton hielt sich bereits in Damaskus auf, als Jane Digby ihr zweites Haus bewohnte. Es war offenbar in der Anlage ähnlich wie das erste, hatte allerdings einen Hammam sowie geräumige Quartiere rund um den Innenhof für Besucher von Stammesmitgliedern ihres Mannes und einen Wintergarten. Wie in ihrem ersten Haus lagen die Räume von Jane und ihrem Scheich im oberen Stock: „Eine Suite aus Zimmern, die pure Eleganz verkörpern. Familienerbstücke und kleine Erinnerungsgegenstände an das Leben in Europa, altes Porzellan und Gemälde mischen sich mit orientalischem Luxus, sodass schon die Atmosphäre Kultur verrät", schrieb Mrs. Burton.

Jane Digby und Isabel Burton wurden enge Freundinnen, während die Burtons in Damaskus wohnten. Sie hatten viel gemeinsam: Beide liebten starke, unabhängige Männer, die oft außer Haus waren, und beide waren selbstständig mit einem Sinn für das Praktische. Beide hatten Hühnerställe mit den verschiedensten Hühner-, Gänse-, Enten- und Perlhuhnrassen für die Tafel, sie waren begeisterte Gärtnerinnen und gute Reiterinnen, die genau wussten, worauf es bei der Pflege der Tiere und der Ställe ankam. Sie trainierten gemeinsam ihre Pferde. Jane fungierte als Dolmetscherin für Isabel, wenn sie arabische Damen besuchten, und sie war bei

den offiziellen Empfangstagen behilflich, die Isabel im Haus der Burtons abhielt.

Jane Digby und die Burtons waren beide mit Abd al-Qadir befreundet, der in Salihiyya ein Sommerhaus unweit dem der Burtons hatte, und Isabel berichtete, sie werde nie die Abende vergessen, die sie gemeinsam auf dem Dach ihres Hauses mit Blick auf Damaskus und die umliegenden Berge verbrachten und an denen sie über die unterschiedlichsten Themen plauderten: „Es war wild, romantisch und feierlich, und manchmal hielten wir in unserem Gespräch inne, um den Klängen zu lauschen, die um uns waren: dem letzten Ruf zum Gebet auf der Spitze des Minaretts, dem Rauschen des Windes durch die Schluchten der Berge und dem Geräusch des Wasserrads in den Obstgärten der Nachbarschaft." All das ging nach weniger als zwei Jahren zu Ende – als die Burtons wieder nach London zurückgerufen wurden.

Zu Jane Digbys letzten Besuchern zählte Dr. Lortet aus Lyon, der ihr bei seinem Damaskusbesuch 1880 vorgestellt wurde. Man empfing ihn mit seinen Begleitern in einem „atemberaubenden Pavillon" in ihrem Garten, „möbliert im orientalischen Stil, dekoriert mit Spiegeln und tausend kostbaren Ornamenten ..." Dr. Lortet war fasziniert von ihren schönen weißen Händen, ihrem gut erhaltenen Äußeren und der Tatsache, dass „diese edle Dame trotz ihres hohen Alters sich darauf vorbereitete, mit ihrem Mann in die Wüste zu reisen". Etwas später in seinem Reisebericht erwähnt Dr. Lortet, dies sei ihre letzte Reise gewesen; sie starb im darauf folgenden Jahr und wurde auf dem protestantischen Friedhof von Damaskus beigesetzt. Ihr Grabstein unter einem Baum trägt eine englische Inschrift und ist nichts Ungewöhnliches mit Ausnahme eines unten angefügten Steinstücks, auf dem ihr Mann ihren Namen in arabischer Schrift meißeln ließ. Bis Mitte der 1990er-Jahre war dieser ungepflegte Friedhof ein friedlicher, der Natur überlassener Ort, aber seither haben wohlmeinende Menschen das Grab pflastern und mit einem Kettenzaun „verschönern" lassen. Fatie Derwisch, eine herrlich exzentrische und kenntnisreiche ältere englische Dame, die seit 1948 in Damaskus lebt (sie ist mit einem syrischen Arzt verheiratet) schwört, dass ihr Jane Digby im Traum erscheine und verlange, ihr Grab solle wieder so hergestellt werden, wie es war.

Richard Burton, der 1869 neuer britischer Konsul in Damaskus wurde, traf vor seiner Frau Isabel ein und stieg im Dimitri-Hotel ab, wo alle Besucher aus dem Westen logierten. Das Dimitri war zwar ein altes Hofhaus, aber das erste Hotel in europäischem Stil in Damaskus. Es stand an einer Ecke unweit dem Mardscha-Platz, auf dem damals ein Pferdemarkt abgehalten wurde. Später wurde ganz in der Nähe ein weiteres Hotel eröffnet, das Victoria, in dem Lawrence von Arabien logierte, nachdem er 1918 mit seiner siegreichen arabischen Armee in Damaskus eingezogen war.

Großbritannien hatte 1834 als erstes europäisches Land ein Konsulat in der syrischen Hauptstadt eröffnet, allerdings gegen erhebliche Widerstände. Damaskus war eine heilige Stadt, feindselig gegen alles aus dem Westen. Wer die Stadt besuchte, kleidete sich möglichst *à la turque*, wie es hieß, sodass man mit der Menge verschmolz und nicht auffiel. Lamartine schrieb bei seinem Damaskusbesuch 1833: „Die Ankunft eines Europäers in westlicher Kleidung verursacht einen entsetzlichen Aufruhr, und wir fürchten sehr, dass die Kunde von unserer Reise Damaskus vor uns erreicht und uns ernsthaft in Gefahr bringt. Wir haben alle nur erdenklichen Vorkehrungen getrofffen. Wir kleiden uns alle streng in türkischem Gewand …"

Der erste britische Konsul, John Farren, wurde 1830 ernannt, doch der osmanische Sultan verweigerte ihm die notwendige Genehmigung zur Einreise nach Damaskus. So hielt er sich mehr als zwei Jahre lang untätig in Beirut auf und berichtete: „Stolz und unbeirrbar weigerte sich Damaskus, Umgang mit Europa zuzulassen." 1832 fielen die Ägypter in Syrien ein, und als sie sich als die neuen Herrscher fest etabliert hatten, hießen sie Farren in Damaskus willkommen. Er ritt mit einem fünfhundert Mann starken Gefolge, bestehend aus ägyptischen Soldaten, Janitscharen, seinen Mitarbeitern und englischen Einwohnern der Stadt im Februar 1834 in Damaskus ein und stieß zu seiner Überraschung bei der riesigen Menschenmenge, die auf die Straßen geströmt war, um ihn zu sehen, auf keinerlei Feindseligkeit.

Als die Burtons fünfunddreißig Jahre danach in Damaskus eintrafen, gab es in der Stadt immer noch relativ wenige Menschen aus dem Westen – laut Isabel Burton nur dreißig Europäer, darunter drei Briten – natürlich Jane Digby und die Burtons selbst. „Wer in Damaskus lebt, muss eine gute Gesundheit und starke Nerven haben, er muss von Damaskus bezaubert sein und sich nichts aus Gesellschaft, Komfort oder Luxus machen …", schrieb sie.

Auf der anderen Seite war das Leben für Isabel voller Faszination und Abenteuer. Schon ein Spaziergang in einem Suk war fesselnd: „Ich kann nicht genug zum Thema Basare sagen und den malerischen Gestalten, denen man in Damaskus begegnet", schrieb sie. „Die Tscherkessen und die Anatolier, die wilden Beduinenscheichs, der dicke, schmierige, verschlagene geldsüchtige Jude, der kriegerisch aussehende Druse, der raue Kurde, der aalglatte, katzbuckelnde, furchtsame Christ, der ernste, finstere Muslim, der drahtige Perser, der sanfte Hindu, der watschelnde Türke, der ruhige, in sich ruhende Afghane, der dunkle, getreue Algerier – jede Rasse, jedes Gewand aus Asien, jede religiöse Sekte, sie alle sprechen unterschiedliche Sprachen, sie alle bringen ihre Waren zum Verkauf oder kommen um zu kaufen, sie drängeln und kämpfen sich durch Reihen von Maultieren, Kamelen, Eseln und Vollblütern mit buntem Schmuck … die Kawassen [Konsulatswachen] stolzieren vor und hinter ihrem Konsul und rufen ‚Macht Platz'." Mrs. Burton beschreibt, wie die Suks in unterschiedliche Handelszweige und Warengruppen aufgeteilt waren und noch heute sind. Ihr Lieblingssuk war der Marketeriebasar. „Hier kann man Holzschuhe kaufen, Tische oder Truhen, alle mit Perlmuttintarsien. Eine Braut muss ihren *Trousseau* in einer dieser riesigen Kommoden verpackt haben und ein Paar mindestens einen Fuß hohe Holzschuhe besitzen, allesamt ähnlich mit Intarsien verziert. Auf diesen orientalischen Stelzen bewegt sie sich graziös in ihrem Innenhof und lässt sie fallen, ehe sie die Qa'a besteigt."

Gegenüberliegende Seite: Jane Digby in arabischen Gewändern, 1859 von Carl Haag porträtiert. Sie steht vor den Ruinen von Palmyra, wo der Stamm ihres Mannes herrschte.

Zehn Jahre zuvor war Josias Porter, der in Murrays *Handbook* schrieb, fasziniert von der Tatsache, dass die Suks zwar voll strahlender Farben und „Trachten aller möglichen fantastischen Formen, die ein Schneider sich nur ausdenken kann" waren, dass den exotischen Gestalten im Suk aber wiederum der ganz normale Engländer Ehrfurcht einflößte. Den ersten Europäern, die einige Jahre vor ihm im die Stadt mit einem Hut auf dem Kopf betreten hatten, wurde dieser von erzürnten Damaszenern vom Kopf geschlagen, aber jetzt konnten sie die Augen nicht von einem solchen lassen. „Er zieht allgemein Aufmerksamkeit auf sich. Der Derwisch mit seinem Blumentopf starrt ihn an, der Perser mit seinem einen Meter hohen pelzigen Zuckerhut ruft "Mashallah", der kleine Türke mit seiner roten Nachtkappe, die ihm auf seinem runden Hinterkopf sitzt, blickt ihn erstaunt an, Dorfscheichs, die sich offenbar ihre sämtlichen Betttücher um den Kopf geschlungen haben, halten an, um dieses Phänomen anzustarren …"

Die Burtons glaubten, für Jahre in Damaskus bleiben zu können, und Isabel begann, kurz nach ihrer Ankunft am 1. Januar 1870 im Dimitri für längere Zeit vorauszuplanen. Zunächst reizte sie der Gedanke, einen Marmorpalast in der Altstadt zu erwerben. „Die Dekorationen einiger der Salons sind prachtvoll", schrieb sie sehnsüchtig. Doch schließlich entschied sie sich, weitgehend der Gesundheit ihres Mannes zuliebe, für eine Wohnung in Salihiyya, einem Vorort von Damaskus am Fuß des Qasyunberges. Die Gegend, rund 750 Meter über dem Meeresspiegel gelegen, bot einen

Gegenüberliegende Seite: Ein Dragoman in Uniform; Foto von Bonfils aus den 1870er-Jahren.

herrlichen Ausblick, frisches Wasser, gute Luft und schönes Licht, das Angebot der zur Auswahl stehenden Häuser aber war zweitrangig. Schließlich mieteten sie sich ein halbes Haus – den Haramlikhof eines großen Herrenhauses. Hätten sie auch noch den Salamlikhof mieten können, so schrieb Isabel Burton, „dann wäre es ein erstklassiger Wohnsitz gewesen", doch war dieser anderweitig verkauft. Dafür lag das Haus vollkommen inmitten von Aprikosenplantagen und Gärten, die von kleinen Bächen durchzogen waren. Von ihrem neuen Heim aus hatte man einen Blick auf eine kleine Straße, auf deren anderen Seite Mrs. Burton Ställe für zwölf Pferde mietete.

Das Dorf Salihiyya ist längst in der modernen Großstadt Damaskus aufgegangen – und gilt immer noch als erstrebenswerte Wohngegend, auch wenn es keine Aprikosenplantagen mehr gibt. Von Burtons Haus ist nichts mehr erhalten, aber es soll unweit der Stelle gestanden haben, an der sich heute das italienische Krankenhaus befindet.

Isabel Burtons Beschreibung zeigt, dass ihr Haus der traditionellen Anlage folgte: „Ich möchte Sie durch mein Haus führen", erklärte sie ihren Lesern, „das eher zweitklassig ist. Zuerst betritt man einen rechteckigen Innenhof, der etwas vulgär mit breiten roten, weißen und blauen Streifen bemalt ist; ringsum ist er mit Orangen-, Zitronen- und Jasminbäumen bepflanzt, und in der Mitte plätschert der unvermeidliche Brunnen. Am auffälligsten ist der Iwan, ein etwas erhöhter Raum, dem eine Wand fehlt; das heißt, die Vorderseite geht auf den Hof hinaus: Er ist übersät mit Teppichen und Diwanen ... es ist Brauch, hier an heißen Tagen Gäste zu empfangen und Kaffee, Limonade oder Scherbett, Wasserpfeifen und Zigaretten anzubieten. Auf der einen Seite liegt unser Esszimmer, auf der anderen ein kühles Wohnzimmer, wenn es zu heiß ist, um sich im oberen Stockwerk aufzuhalten. Oben gibt es sechs Räume, die an zwei Seiten des Innenhofs verlaufen. Eine lange Terrasse nimmt die beiden anderen Seiten ein ..."

Mithilfe von Jane Digby, die in der Regel danach noch zum Essen blieb, gab Mrs. Burton jeden Mittwoch ihre offiziellen Empfänge, bei denen kirchliche Würdenträger, türkische Beamte, herausragende Persönlichkeiten, das konsularische Korps, Missionare und Freunde vorsprachen. Männer und Frauen wurden in getrennten Bereichen empfangen, und Mrs. Burton, gekleidet „wie für einen Besuch in London", teilte ihre Zeit zwischen beiden auf.

Ansonsten war Mrs. Burton in der Nachbarschaft karitativ tätig, versuchte Arabisch zu lernen, besuchte arabische Damen in ihren Harems und ging in den Hammam. Bei ihrer Rückkehr nach England vermisste sie den Hammam so sehr, dass sie beschloss, es mit den türkischen Bädern in der Jermyn Street in London zu versuchen. Sie nahm ihr syrisches Dienstmädchen mit, das erklärte, zum ersten Mal seit der Ankunft in England habe es nicht gefroren, aber ihr Urteil insgesamt lautete: „Jermyn Street ist ein Zerrbild echter östlicher Bäder. Es hat alle Unannehmlichkeiten ohne die Vorzüge, nicht regulierbare extreme Hitze, stickige Räume ohne jeden Komfort oder Luxus ..." In den echten Hammams von Damaskus dauerte ein Bad etwa vier Stunden, in denen man, wie Mrs. Burton berichtete, allmählich von warmen Räumen in heiße Räume überwechselte; man wurde mit einem Schwamm aus hellen Fasern – hergestellt aus Palmwedeln – abgerieben, mit Wasser abgesprengt, wieder eingeseift, und gelangte schließlich mit einem Handtuch um den Kopf in einen kühlen Raum, wo gefrorenes Scherbett serviert wurde, ehe der ganze Vorgang von neuem begann.

„Jetzt kehren wir, eingehüllt in seidene und wollene Tücher, in die Halle zurück, in der wir zu Beginn unsere Kleider abgelegt hatten, und strecken uns auf Diwanen aus. Alles ist mit Blüten übersät, um uns herum wird Weihrauch verbrannt, Tassen sehr heißen und bitteren Kaffees werden uns gereicht und die Wasserpfeifen in den Mund gesteckt. Eine Frau kommt und knetet einen wie Brotteig; dabei schläft man ein ... Wenn man erwacht, ist man umgeben von Musik und Tanz, die Mädchen spielen Fangen, essen Süßigkeiten, knacken Nüsse und amüsieren sich prächtig." Mrs. Burton war froh, dass sie keine Muslimin war, denn dann hätte sie mit Henna geschminkt und eingewachst werden müssen (muslimische Frauen entfernten traditionellerweise alle Körperhaare) und vielleicht auch tätowiert – der Tätowierer wartete in einem Vorraum auf seine Kundinnen. Am Ende, so schrieb sie, „kam es mir vor, als sei meine äußerste Haut vollständig abgeschält ... man fühlt sich nach diesen Bädern ganz leicht, und die Haut ist herrlich weiß." Ein Besuch in einem heutigen Hammam in Damaskus vermittelt einem ein ähnliches, wenn auch nicht ganz so luxuriöses Erlebnis und dauert mehrere Stunden.

Den Großteil von Mrs. Burtons Zeit aber nahmen der Haushalt und die Tiermenagerie in Anspruch, die sie sich zugelegt hatte. Sie kaufte ein Kamel und einen weißen Esel zum Reiten. Es gab Orte, an denen Ausländer nicht mit dem Pferd reiten durften – was einen anderen Reisenden, Henry Maundrell, 1697 sehr irritierte. Nachdem er einige Gärten in Damaskus besucht hatte, schrieb Maundrell: „Franken [Europäer] müssen entweder zu Fuß gehen oder auf Eseln reiten: die Frechheit der Türken erlaubt ihnen nicht, ein Pferd zu besteigen." Er gab den Rat, sich lieber nicht zu beschweren, sondern „aus dem Affront einen Anlass zur Entspannung zu machen". Aus England hatte Isabel Burton fünf Hunde, darunter einen Bernhardiner, mitgebracht; zu ihnen gesellten sich ein kurdisches Hundebaby, eine auf einem Suk erstandene weiße Persianerkatze, drei Milchziegen, ein Hühnerstall mit verschiedenem Geflügel und einige

Captain Richard Burton,
britischer Konsul in
Damaskus von 1869
bis 1871.

Tauben. Als Geschenke bekamen die Burtons überreicht: ein kleines Lamm und einen jungen Leoparden, „Liebling des Hauses", der später vergiftet wurde und starb, und sie baute ihren Gemüse- und Blumengarten mit englischen Samen an. Damit begannen die Probleme: Die Tauben und Hühner fraßen die Saat auf, der Leopard tötete das Lamm, die Hunde jagten der Katze Angst ein und erschreckten die Pferde, das Kamel und den Esel. „Captain Burton", so kommentierte sie, „erklärt, es gehe zu wie bei den Hottentotten ..."

Trotz solcher häuslicher Missgeschicke genossen die Burtons das Leben in Damaskus, und das ist wohl auch kein Wunder, denn neben ihrem Haus in Salihiyya hatten sie noch eines der vornehmsten Konsulate in der Stadt und ein Sommerhaus in den Bergen bei Bludan, das erst 1994 abgerissen wurde. In eben diesem Haus hielt sich Isabel auf, als ein Bote aus Damaskus mit der Nachricht ihres Mannes eintraf: „Sorge dich nicht. Ich bin nach Hause zurückbeordert. Begleiche die Rechnungen, packe und folge mir, wenn du so weit bist." Burton hatte sich den Unmut der jüdischen Gemeinde zugezogen, weil er nicht bereit war, ihre Geldleihpraxis an Arme zu Wucherzinsen zu dulden; er geriet in Konflikt mit einem Paar „Hobbymissionaren", Mr. und Mrs. Mott, die er kritisierte, weil sie christliche Traktate an Muslime verteilten, und die türkische Regierung hatte ihm stets misstraut und ihn gefürchtet. Gemeinsam gelang es den drei feindlichen Gruppen, ihm derart viele Unannehmlichkeiten zu bereiten, dass ihm die Rückreise nach London befohlen wurde. Isabel war todunglücklich. Sie bezeichnete den Nachmittag, den sie bei einem Picknick oberhalb von Damaskus zubrachte, kurz bevor der politische Sturm ausbrach, als „meinen letzten glücklichen Tag".

Während des Aufenthalts der Burtons in Syrien bestand das konsularische Korps neben den Briten aus Vertretern Frankreichs, Russlands, Preußens, Österreichs, Italiens, Griechenlands, Spaniens, Persiens und der Vereinigten Staaten. Trotz Isabels Überzeugung, dass „wir in einem fanatischen Ort wie Damaskus weder Engländer, Franzosen noch Preußen, sondern einfach Europäer sind und zwangsläufig viel Zeit miteinander zubringen", traf das natürlich nicht ganz zu. So bemerkte sie später: „Das Problem dieser europäischen Gesellschaft ist, dass sie sich in unterschiedliche Cliquen aufsplittert ..." Diese Cliquen waren die Missionare, die religiösen Orden, das konsularische Korps, „und die Franzosen, die ganz ihrer Natur entsprechend kaum jemand anderen wahrnehmen als sich selbst". Sie persönlich mochte offenbar den italienischen Konsul, Signor Castelli, und dessen Frau am liebsten; sie gaben „bezaubernde kleine Abendessen".

Isabel Burton führte in ihrer Aufzählung der Ausländer nicht die Missionare auf, aber es gab zwei britische Familien und eine amerikanische, allesamt Presbyterianer, sowie Mr. und Mrs. Mott, die die Britisch-Syrische Schule leiteten und mit Richard Burton Streit bekamen. Diese Schule war von Mrs. Motts Schwester, Mrs. Bowen Thompson, gegründet worden, einer Witwe, die sich durch die schaurigen Berichte über die Massaker an Christen veranlasst sah, nach Syrien zu reisen und ihre Dienste anzubieten. Der Umgang mit ihr kann nicht sehr leicht gewesen sein: Henry Jessup erinnerte sich, dass er sie herzlich willkommen geheißen hatte, als sie in Beirut eintraf und „als kein englischer Einwohner sie zur Kenntnis genommen hätte". Die Britisch-Syrische Schule, auch unter dem Namen St. Paul's bekannt, steht noch am Bab Tuma, ist aber inzwischen eine Schule für Flüchtlinge aus Qunaitra. Es handelt sich um ein klassisches Damaszener Haus, allerdings trägt der Marmorbrunnen im ersten Innenhof in herrlichen viktorianisch gotischen Buchstaben die Inschrift: „Überreicht von Augusta Mentor Mott."

Der persische Konsul zählte zu den bedeutendsten Mitgliedern des konsularischen Korps. Er war Isabel zufolge „90 Jahre alt, sah aber wie 40 aus" und wurde vom Gouverneur und allen Beamten sehr verehrt. Sein Konsulat befand sich in einem herrlichen Haus, dem Bait Schirazi, in dem Nachkommen der Familie heute noch wohnen. Bait Schirazi hat einen schönen, mit Stein gepflasterten Innenhof, einen „Labyrinthbrunnen", eine herrliche Qa'a mit drei Sitzbereichen, schönen bemalten Decken und Wänden mit „Stalaktitendekor" – Muqarnas. Die Steinmetzarbeiten sind mit 1765 datiert.

Als die Burtons in Damaskus eintrafen, war der amerikanische Vizekonsul ein angesehener Syrer, Dr. Mischaqa. Zur großen Genugtuung der Missionare war Dr. Mischaqa von der griechisch-orthodoxen Kirche zur presbyterianischen konvertiert. Er war dem Massaker an den Christen nur knapp mit dem Leben entkommen – sein Bericht von den Vorfällen und Abd al-Qadirs Heldentat wurde bereits zitiert. Das Haus, das damals das amerikanische Konsulat beherbergte, steht heute noch im Bab Tuma-Viertel, befindet sich aber in schlechtem Zustand. Als Dr. Mischaqa 1870 von seinem Amt als Vertreter der Vereinigten Staaten zurücktrat, übernahm sein Sohn Nasif, damals Dragoman beim britischen Konsulat, das Amt. Alle Konsulate beschäftigten Dragomane und Kawassen – exotisch aussehende Gestalten in fantastischen Uniformen. Dragomane waren eine unverzichtbare Mischung aus Übersetzer, Sekretär, Führer und Faktotum, die sich in jeder Hinsicht vorzüglich auskannten. Oft leisteten sie ihren Dienst ohne Bezahlung und erledigten ihre Aufgaben wegen des damit verbundenen sozialen Status und Schutzes. 1872 beschwerte sich der britische Konsul Kirby Green in London, dass sein Spesenetat es ihm nicht ermögliche, einen bezahlten Dragoman anzustellen,

(Fortsetzung Seite 177)

Isabel Burton besuchte gern den Hammam. Das Foto zeigt das Deckengewölbe eines einstmals beliebten Badehauses im Schneider-Suk (Suk al-Khayyatin), in dem heute zahlreiche Läden untergebracht sind.

Dr. Mischaqa, ein renommierter Gelehrter, vertrat die Vereinigten Staaten von Amerika Mitte des 19. Jahrhunderts als Honorarkonsul in Damaskus. Wie die meisten vom Ausland ernannten Repräsentanten in Damaskus war auch er Christ.

„da die bewilligten Geldmittel nicht einmal für die Miete meines Hauses reichen". Er wies darauf hin, dass die Franzosen zwei bezahlte und einen unbezahlten Dragoman beschäftigten. Gelegentlich war ein Dragoman auch Ausländer – in den 70er-Jahren des 19. Jahrhunderts arbeitete ein Amerikaner, Rolla Floyd, für das Konsulat der Vereinigten Staaten; er war spezialisiert auf Touristenführungen. Kawassen waren die Leibwächter, und je mehr von ihnen angestellt waren, umso größer war das Prestige des Konsulats. Kirby Green hatte drei und die Franzosen fünf Kawassen in ihrem Dienst.

Das italienische Konsulat befand sich damals im Bait Schamiyya im christlichen Viertel. Das österreichische Konsulat war im Bait Schawi untergebracht, einem Haus auf der linken Seite der Geraden Straße mit einem schönen, aber zerfallenen Erkerfenster über der Straße. Das spanische Konsulat befand sich im Haus der Spanischen Krone, in dem Wulzinger und Watzinger 1917 untergebracht waren und an dem heute das grandiose, in Stein gemeißelte spanische Wappen die Werkstatt eines Zimmermanns ziert. Der Karte im Führer *Orient, Syrie, Palestine* in der Librairie Hachette von 1890 zufolge befand sich das französische Konsulat damals im Bait Nizam, dem Haus von Ali Agha.

Josias Porter, der Damaskus in den 1850er-Jahren kennen lernte, verzeichnete auf seiner Karte der Altstadt das britische Konsulat in dem heute als Bait Quwatli bekannten Haus. Es ist ein riesiger Palast mit einem großen, zentralen Innenhof und mehreren kleineren Räumen mit herrlichen Holztäfelungen, einer Qa'a mit Wandmalereien und farbigem Pastendekor aus dem Jahr 1837.

Leider ist das Gebäude heute unter viele Familien und einem Zeitungsladen aufgeteilt – eine der Trennwände aus Ytongsteinen verläuft mitten durch den großen Steinbrunnen im zentralen Hof. Später müssen die Briten umgezogen sein, denn 1870 siedelte Isabel Burton das Konsulat ihres Mannes außerhalb der Stadtmauern an in der Nähe eines Pferdemarktes, der zu diesem Zeitpunkt auf dem Mardscha-Platz abgehalten wurde. Wo sich das Konsulat danach befand, bleibt rätselhaft, umso mehr als auf einem Foto, das Bonfils in den 1870er-Jahren vom Bait Nizam gemacht hatte, dieses Haus als britisches Konsulat bezeichnet wird, obwohl es eigentlich das französische Konsulat zeigte. Man weiß, dass Bonfils in seinen Erläuterungen zu den von ihm gemachten Fotos mitunter Fehler machte. Vielleicht handelt es sich auch in diesem Fall um eine falsche Zuordnung. Nach dem 1. Weltkrieg befand sich das britische Konsulat in einem Haus im Halbuni-Bezirk unweit des Bahnhofs. Dort tanzte eines Jahres auf einer Weihnachtsfeier, so erinnert sich Sir Richard Beaumont, britischer Vizekonsul in Damaskus von 1938 bis 1945, der Premierminister von Syrien und sein Außenminister den Lambeth Walk, den Tanz, der damals in England der letzte Schrei war.

Die Geschichte der Familie Bonfils und ihrer Fotos liest sich überaus spannend. Der erste Bonfils, so heißt es, war französischer Militärfotograf, der in Beirut mit den französischen Truppen eintraf, die nach dem Massaker an den Christen in Damaskus 1860 entsandt worden waren, für den Fall, dass sich der Konflikt zuspitzen würden. Als die Mission beendet war, beschloss er, nicht nach Frankreich zurückzukehren, sondern in Beirut ein Fotoatelier zu eröffnen. Es wurde eines der erfolgreichsten Unternehmen dieser Art – Vater, Mutter und Sohn Bonfils, alle Fotografen, nahmen rund dreitausend Bilder vom Nahen Osten auf.

1907 kehrte die Familie nach Frankreich zurück. Doch die Geschichte ist damit noch nicht zu Ende, sondern verlagert sich nach Amerika, wo 1889 an der Harvard University das Semitic Museum gegründet worden war. Sein erster Kurator, Professor David Lyon, begann, Fotos aus dem Nahen Osten zu sammeln – vor allem aus dem Heiligen Land –, die er von Agenten der großen kommerziellen Ateliers kaufte, zu denen auch das der Bonfils gehörte. In den 1930er-Jahren musste das Museum schließen, und bei Ausbruch des 2. Weltkriegs wurden die Fotosammlungen verpackt und auf den Speicher gebracht. Das oberste Geschoss des Museums wurde an das *Center for International Affairs* vermietet und bald schon hatte man vergessen, dass die Bilder überhaupt existierten. Jahre vergingen, inzwischen war Henry Kissinger *Fellow of the Center* geworden und hatte dort ein Büro. 1970, während des Vietnamkriegs (als Kissinger Berater des amerikanischen Präsidenten für nationale Sicherheit war), versuchten zwei fanatische Frauen, ihn mit einer Bombe in die Luft zu sprengen. Niemand wurde verletzt, doch die Druckwelle der Explosion schlug ein Loch in die Decke des Gebäudes, und als man den Schaden begutachtete, entdeckte man die dort verstauten Bilder. Sie sind eine unschätzbare Dokumentation der Häuser, Straßen und Baudenkmäler im Damaskus des ausgehenden 19. Jahrhunderts. Interessanterweise aber wurden keine bedeutenden muslimischen Häuser fotografiert – nur die Konsulate sowie christliche und jüdische Häuser, die damals Ausländern zugänglich waren.

Die Altstadt von Damaskus dehnte sich schon sehr früh in ihrer Geschichte über die eigentlichen Stadtmauern hinweg aus. Das nahe gelegene Dorf Salihiyya wurde erstmals im 12. Jahrhundert von Muslimen besiedelt, die vor dem Blutbad bei der Eroberung Jerusalems durch die Kreuzfahrer geflüchtet waren. 1675 war der Verkehr auf der Straße zwischen Salihiyya und Damaskus so groß, dass die damaligen Behörden sie pflastern ließen, und einige Jahre danach berichtete der französische Konsul in Aleppo, „die meisten Menschen von Damaskus" besäßen dort hübsche Sommerhäuser. Als Richard und Isabel Burton in Salihiyya wohnten, zählte es bereits 15 000 Einwohner.

Der Bezirk Qanawat, wenige Schritte westlich der Altstadt gelegen, entstand um einen römischen Aquädukt, über den Wasser in die Altstadt geführt wurde. Weil er so nah bei der Stadt lag, aber nicht innerhalb der Stadtmauern, war er ein bevorzugter Ort sowohl der mameluckischen wie der osmanischen Beamten. Ähnlich beliebt war der Bezirk um den Suk Sarudscha, der westlich der Stadtmauern lag. Suk Sarudscha war davor ein Rosenfeld gewesen – die Rosen wurden wegen ihres Öls angebaut –, das übersät war von Gräbern und Schreinen, doch im 19. Jahrhundert herrschte hier ein so reges Treiben osmanischer Staatsbeamter und Soldaten, dass man es auch Klein-Istanbul nannte.

Das Dorf Midan, das sich vom Süden der Altstadt wie ein Drachenschwanz die Straße entlang zieht, war Umschlagplatz für das Getreide und Vieh, das Damaskus ernährte; diese Route schlugen außerdem jedes Jahr Tausende von Pilgern auf ihrem Weg nach Mekka ein. Daher vollbrachten hier die Reichen und Mächtigen gern sichtbare gute Werke – vor allem zur Zeit der Mamelucken: die Straße war gesäumt von Moscheen, Schulen, Bädern, Grabmalen, Waisenhäusern und anderen öffentlichen Gebäuden zum Nutzen der Pilger – und um ihren Stiftern den Weg ins Paradies zu ebnen.

Im Lauf der Jahrhunderte war Midan in den Ruf geraten, ein eher fanatisches, rückständiges Gebiet zu sein – vermutlich weil Mitte des 19. Jahrhunderts die Abd-Familie im neuen eleganten Suk Sarudscha-Bezirk ein weiteres großes Haus errichtete. Die Abds waren bereits ein mächtiger Klan, als 1850 ein neues Familienmitglied zur Welt kam, das im Osmanischen Reich die höchsten gesellschaftlichen Ränge erklimmen sollte. Ahmad Izzat al-Abd wurde Sekretär des Sultans und damit zweitmächtigster Mann im Reich. „Der Mächtige Schatten hinter dem Thron von Konstantinopel", so bezeichnete ihn die englische Reisende Gertrude Bell. Einem britischen Geheimdienstbericht Anfang des 1. Weltkriegs zufolge war Izzat Pascha der Kandidat mit den meisten Chancen, König von Syrien zu werden, sofern der arabische Aufstand Erfolg haben sollte – woran die Briten ganz gewiss nicht interessiert waren, denn der Bericht beschreibt ihn als „alten Intriganten, nicht religiös, unzuverlässig". Izzat Pascha wurde gegen Ende des Krieges Großwesir der Türkei und war damit zuständig für die Waffenstillstandsverhandlungen. Ein General aus Österreich-Ungarn, der ihn kannte, beurteilte ihn völlig anders als die Briten: Er sei „ein ritterlicher Charakter", der sehr geachtet werde.

Beide Abd-Häuser stehen noch, wenn auch in schlechtem Zustand. Der Palast in Midan hat drei Innenhöfe und nicht weniger als sechs ausgemalte Wohnräume. Heute teilen sich viele Familien diese Räume. Die Holztäfelungen und Dekorationen wurden größtenteils entfernt, aber ein hübscher Türsturz mit farbigem Pastendekor nennt das Entstehungsdatum: 1745. Das Haus im Suk Sarudscha besitzt ebenfalls drei Innenhöfe: Einer von ihnen wurde zwar bei einem Brand beschädigt, insgesamt aber ist es immer noch ein schönes Gebäude.

Ende des 19. Jahrhunderts hatten diese neu bebauten Gebiete um die Altstadt von Damaskus die Grenzen der Stadtmauern gesprengt, waren aber alle im traditionellen Stil erbaut worden. Dann folgte eine dramatische neue Entwicklungsphase. Mit der Neuordnung und Reform des Osmanischen Reiches, dem so genannten Tanzimat, brauchte man zum ersten Mal in der Geschichte von Damaskus nichtreligiöse öffentliche Gebäude: ein Rathaus, ein Gericht, ein Polizeirevier, ein Gefängnis, ein Parlamentsgebäude, Schulen und Krankenhäuser. Es war unmöglich, sie alle noch in die ohnehin dicht besiedelten Gassen der Altstadt zu zwängen, und folglich musste ein neues Viertel geschaffen werden: So entstand der Mardscha-Platz. Er sieht so westlich aus wie irgendein Platz in einer beliebigen Provinzstadt in England oder Frankreich und wurde auf dem Gelände des alten Pferdemarkts angelegt. Unweit davon wurde der neue Suk al-Hamidiyya (benannt nach Sultan Abdul Hamid) nach Art der neuen europäischen Geschäftsarkaden und Galerien gebaut, einschließlich der Stahlträger für das Dach, die von Krupp in Deutschland geliefert wurden.

Um diese Zeit wurde eine Reihe modern eingestellter Gouverneure für Damaskus ernannt - Midhat Pascha, der

Gegenüberliegende Seite: Das prachtvolle Bait Schirazi war bis ins 20. Jahrhundert hinein Sitz der persischen Botschaft.

Oben: Veranda im ersten Stockwerk der Britisch-Syrischen Schule (Medrese Qunaitra).

Folgende Doppelseite: Bait Quwatli (a), Mitte des 19. Jahrhunderts Sitz des britischen Konsulats, ist ein weitläufiger und reich dekorierter Bau mit mehreren Innenhöfen.

Türke, der die Verfassung der „neuen" Türkei geschrieben hatte, traf 1878 ein und ließ in den zwei kurzen Jahren seiner Amtszeit den Gewürz-Suk, den Suk al-Buzuriyya, und einen großen Teil der Geraden Straße so erneuern, wie sie heute noch aussehen. Diese neuen Männer hingen nicht nostalgisch an der Vergangenheit und auch nicht an der Altstadt. Osman Nuri Pascha, Gouverneur von 1889 bis 1890 und von 1892 bis 1893, errichtete in Salihiyya einen Palast in europäischem Stil inmitten eines großen Gartens. Heute beherbergt er die Residenz des französischen Botschafters und die Botschaft selbst.

Die Ausstattung dieses Hauses verdankte nichts der Tradition des alten Damaskus, auch wenn 100 Jahre später, in den 1990er-Jahren, ein französischer Botschafter drei der Räume mit Holzpaneelen aus alten Häusern dekorieren ließ. König Faisal, der die Macht in Syrien nur wenige Jahre innehatte, ehe die Franzosen in Damaskus einzogen, wohnte von 1918 bis 1920 in diesem Haus, bis er in den bezaubernden Palast umzog, den ein anderer modern denkender Herrscher errichtet hatte, Nazim Pascha, der von 1895 bis 1907 und von 1909 bis 1912 Gouverneur von Damaskus war. Während seiner Regierungszeit gelangten die verschiedensten technischen Errungenschaften nach Damaskus: Die Eisenbahnlinie nach Mekka wurde gebaut, ein neues Wasserversorgungssystem für die Altstadt von Ain al-Fidscha aus wurde eingerichtet, Straßenbahnen und der Telegraf hielten ihren Einzug (an die Telegrafenverbindung zwischen Istanbul, Damaskus und Mekka erinnert eine verzierte Säule in der Mitte des Mardscha-Platzes).

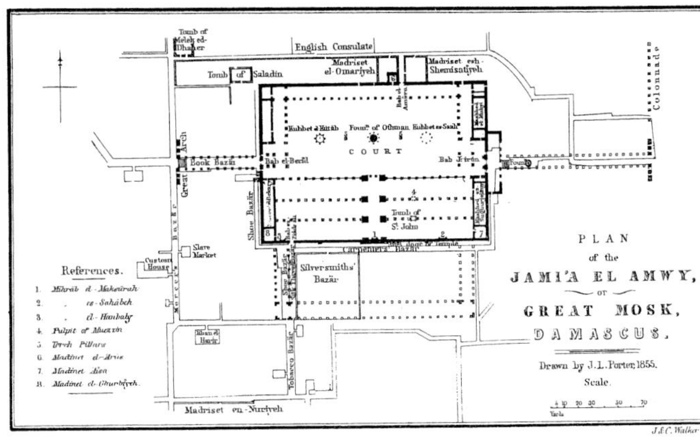

Oben: Josias Porters Grundriss der Omaijaden-Moschee nebst Umgebung, einschließlich des britischen Konsulats.

Links und gegenüberliegende Seite: Zwei Aufnahmen des Hauptempfangsraums im Bait Nizam, von Bonfils in den 1870er-Jahren fotografiert und unten rechts in französischer Sprache fälschlich als britisches Konsulat ausgewiesen.

33. Damas. Intérieur de maison.- Consul

Links: Bait Schamiyya, ein berühmtes, von Christen bewohntes Haus; Foto von Bonfils aus den 1870er-Jahren.

Links unten: Holzgetäfelter Empfangsraum im Bait al-Abd im Suk Sarudscha.

Unten: Frontalansicht der Straßenfassade im Qanawat-Bezirk unmittelbar vor den Mauern der Altstadt.

Ganz unten: Die auffallend europäisch wirkende Fassade des Bait Yaghmur in Qanawat.

Als Nazim Pascha zum ersten Mal nach Damaskus kam, mietete er das Haus von Fakhri Barudi, aber bald schon begann er mit den Arbeiten an seinem neuen Palast in Muhadschirin an den Hängen des Berges Qasyun, einem bis dahin noch nicht erschlossenen Gelände. Wie das Haus von Osman Nuri Pascha stand auch Nazim Paschas Haus mit seiner hübschen neoklassischen Fassade mitten in einem großen Garten. Gertrude Bell wurde zu einem Besuch beim Gouverneur eingeladen. „Der Vali [Gouverneur] wohnt seit acht Jahren in Damaskus", berichtete sie, „und er hat wohl beschlossen, in Damaskus zu bleiben, falls nicht ein Unglück geschieht, denn er hat sich ein herrliches Haus gebaut und einen schönen Garten ersonnen, dessen Anlage ihn hoffentlich von unangenehmen Gedanken ablenken wird …" Miss Bell wurde zur Frau und zu den Kindern des Pascha geführt. „Ich folgte ihm nach oben in einen sonnendurchfluteten Raum, dessen Fenster auf einen Balkon hinausgingen, von dem aus man einen Blick auf ganz Damaskus, die Gärten der Stadt und die Hügel im Hintergrund hatte …" Die Kinder rezitierten ihrem englischen Gast französische Gedichte und spielten Klavier, während „der Pascha am Fenster stand und auf sie hinunterstrahlte, die tscherkessische Frau Zigaretten rauchte und sich verbeugte, wann immer mein Blick auf sie fiel; ein schwarzer Sklavenjunge an der Tür grinste bis über beide Ohren". Während des Besuchs der Engländerin machte einer von Abd al-Qadirs Söhnen dem Gouverneur seine Aufwartung. Seine Mutter war eine von Abd al-Qadirs Sklavinnen gewesen, kommentierte Miss Bell, und „er war von seiner äußeren Erscheinung fast ein Schwarzer".

Kurz nach Gertrude Bells Aufenthalt in Damaskus bemerkte John Kelman, ein weiterer englischer Reisender: „Es ließe sich nur schwer ein Artikel benennen, den man nicht in Damaskus kaufen könnte. Der Sklavenmarkt soll inzwischen verboten worden sein, aber man findet ihn noch, wenn man weiß, wohin man sich wenden muss." Er fügte als Fußnote hinzu: „Kürzlich soll ein Kind unweit von Damaskus für den Preis von fünf Schafen und einer Ziege angeboten worden sein." Auf Josias Porters Damaskuskarte ist der Sklavenmarkt unweit vom Eingang zur Moschee in der Nähe des „Zollamtes" (Khan al-Jumruk) eingezeichnet. John Bowrings *Report on the Commercial Statistics of Syria* führt „Sklavenhandel" neben Glas, Papier und Wollbekleidung auf. Er werde, so schrieb er, in Syrien nicht in großem Maßstab betrieben, dennoch „sieht man in den Häusern der

Reichen ein paar Schwarze und unter den wohlhabenden Muselmanen in der Regel mindestens einen schwarzen Eunuchen; doch der jährliche Import ist gering und nimmt ab." Diese afrikanischen Sklaven kamen über Ägypten und wurden von Alexandria aus verschifft. Bowring schätzte, dass jene, die schließlich in den Haushalten von Damaskus landeten, Glück hatten. „Sie werden von ihren Herren gut behandelt und oft nach einer gewissen Dienstzeit gut untergebracht." Als Bowring in Syrien weilte, herrschte Krieg im Kaukasus, also in der Gegend, aus der die als Mamelucken bekannten weißen Sklaven stammten, und das, so schrieb er, habe ihren Preis ansteigen lassen: „Ich sah einen georgischen Mamelucken von etwa 10 Jahren, der in Nablus für 7000 Piaster verkauft wurde – £ 70." Bowring gibt sich im Folgenden große Mühe, seinen englischen Lesern zu erklären, dass der Unterschied zwischen einem weißen Sklaven und seinem Besitzer im Nahen Osten gering sei – so gering, „dass die Mamelucken eines Herren oft besser behandelt und gefördert werden als dessen eigene Kinder".

Die Eisenbahnstrecke nach Mekka war 1908 eingeweiht worden, doch in jener Zeit stiegen die Pilger am Qadam-Bahnhof vor den Toren der Stadt ein. Heute ist dieser Bahnhof eine Art Elefantenfriedhof der grandiosen alten Dampflokomotiven und Holzwaggons, die einstmals durch die Wüste nach Medina tuckerten. 1912 wurde ein Wettbewerb zu einem Entwurf für den Hidschaz-Bahnhof ausgeschrieben, der mitten in der Stadt gebaut werden sollte. Der Architekt, der ihn gewann und dessen eleganter Bahnhof heute zu den Sehenswürdigkeiten von Damaskus zählt, war Fernando de Aranda, ein Spanier, der ein in der Tat ungewöhnliches Leben geführt hat. Ferdou, wie man ihn nannte, wuchs am Hof des Sultans des Osmanischen Reiches in Istanbul auf, wo sein Vater als Musiklehrer der Familie des Sultans und als Leiter der Kaiserlichen Militärkapelle angestellt war. 1909 wurde der Sultan abgesetzt, und die Familie de Aranda kehrte nach Barcelona zurück: nur Ferdou, damals fast dreißig, zog nach Damaskus. Er heiratete zwei Frauen – eine christliche und eine muslimische –, bekam zwei Söhne und starb 1969 im Alter von einundneunzig Jahren. Er ist auf dem muslimischen Friedhof beim Bab al-Saghir beigesetzt. De Aranda hatte keine Ausbildung zum Architekten absolviert, durfte daher seinen Entwurf offiziell nicht als seine Arbeit ausgeben, was zu erheblicher Verwirrung darüber geführt hat, an welchen Bauten er beteiligt war. Der Bahnhof ist jedoch zweifellos sein Werk – und ein Erfolg. Leider war der Bahnhof erst kurz vor Ausbruch des 1. Weltkriegs fertig, und so sind von ihm keine Züge nach Medina abgefahren, denn Lawrence von Arabien und die arabische Armee sprengten die Schienen in der Wüste, um den Türken den Nachschub abzuschneiden. Heute ist der Bahnhof eine gespenstige Erscheinung mit Schaltern für

Porträt von Ahmad Izzat al-Pascha al-Abd, dem „Mächtigen Schatten hinter dem Thron von Konstantinopel", Anfang des 20. Jahrhunderts.

Fahrkarten der 1., 2. und 3. Klasse. Aber den Sommer über fährt an jedem Morgen ein Dampfzug nach Zabadani im Antilibanongebirge und einmal die Woche ein Zug nach Amman in Jordanien.

De Aranda entwarf auch einige Privathäuser in Damaskus – allesamt außerhalb der Altstadt gelegen. Die bekanntesten davon sind zwei großen Villen in Gärten auf dem Hügel hinter der französischen Botschaft. Während des 1. Weltkriegs war der Architekt plötzlich so etwas wie ein unbezahlter Konsul für die meisten der Alliierten, deren Konsuln bei Ausbruch der Feindseligkeiten die Stadt verlassen hatten. Für seine Dienste wurde de Aranda von der französischen Regierung der Orden der Ehrenlegion verliehen. Er war damit der zweite in Damaskus wohnhafte Träger dieser hohen Auszeichnung nach Abd al-Qadir, dem Held aus Algerien.

Der Gedanke, in einem Haus außerhalb der Stadtmauern zu wohnen, wurde immer attraktiver, als der Besitz eines Automobils keine Seltenheit mehr darstellte und immer

(Fortsetzung Seite 192)

Steinmetzarbeiten

Die Handwerker in Damaskus verstanden es offenbar seit jeher, Stein so kunstvoll wie Holz zu bearbeiten. Ihren Meisterwerken – vom römischen Stil bis zum osmanischen Barock – begegnet man heute noch in der Altstadt, sei es an den Originalbauten oder, wieder verwendet, an anderen Bauwerken. Die Steinmetze und Steinbildhauer waren Meister der exakten Geometrie und Präzision, wie sie die mameluckische Ornamentik und Architektur erforderte, und Jahrhunderte später noch führten sie für die Neuausstattungen einiger Damaszener Häuser wahre Kunststücke im Rokokostil des 19. Jahrhunderts aus.

Oben: In Marmor geschnittene Rose in einer Marmortür in Bait Barudi.

Gegenüberliegende Seite oben: Mameluckische Steinmetzarbeit an der Fassade des Tayruzi-Hammam.

Gegenüberliegende Seite unten: Verzierte Steinscheibe an einer Türumrandung im Maktab Anbar.

Gegenüberliegende Seite: Kunstvolle Steinmetzarbeit an der Rückwand des Iwan im Bait Lisbona.

Links: Detailaufnahme einer Perlmuttintarsie in Stein im Iwan des Bait Lisbona.

Unten: Architekturzeichnung einer üppig dekorierten Iwanfassade im Bait Lisbona.

Gegenüberliegende Seite: In Stein gemeißelte und mit farbigem Pastendekor verzierte Nische aus dem 18. Jahrhundert.

Ganz oben: Kunstvoll in Stein gemeißelte Ananas mit Arabesken im Bait Nizam.

Oben: Detailaufnahme der Steinmetzarbeit im Bait Lisbona – geraffte Vorhänge waren ein beliebtes Motiv.

häufiger alteingesessene Familien und wohlhabende Kaufleute nach Salihiyya, Muhadschirin und in die rasch wachsenden neuen Vororte zogen. Ihre ehemaligen Häuser blieben verlassen zurück, die Innenhöfe und Räume wurden unterteilt und als Lagerhäuser, kleine Fabriken oder als Unterkunft für arme Familien und palästinensische Flüchtlinge vermietet, von denen es in Damaskus mehr als eine Viertelmillion gibt. Ein Architekt stellte einmal fest, heute seien Dörfer in Häusern untergebracht statt umgekehrt. Keine Familie hatte mehr die ungeteilte Veranwortung – und auch nicht das Geld –, um die Häuser zu unterhalten, und so sind sie im Lauf der Jahre verfallen oder gänzlich eingestürzt.

Einige Familien hatten noch Sehnsucht nach der Altstadt und fügten in ihre neuen Wohnungen ein charakteristisches Merkmal wie etwa die Holzpaneele aus einem alten Haus – vielleicht sogar aus *ihrem* alten Haus – aus der Altstadt ein. Das erstaunlichste Beispiel dafür ist Bait Araqtandschi, das in den 1930er-Jahren für Yusuf Araqtandschi, einen erfolgreichen Arzt, errichtet wurde und in dem später die spanische Botschaft untergebracht war. Außen ist das Haus ganz im Jugendstil gehalten, innen aber begegnet einem die Welt aus Tausendundeiner Nacht mit rundum holzgetäfelten Zimmern (die bis ins Jahr 1765 zurückreichen), Stein- und Marmorböden und -brunnen, bemalten Decken und alten blauweißen Damaszenerfliesen. Sie alle wurden in den 20er- und 30er-Jahren in alten Häusern gesammelt – zu einer Zeit, als zahlreiche Häuser wegen neuer Straßen oder neuer Gebäude geräumt wurden oder durch Bomben zerstört worden waren. In dieser Zeit wurde auch der Empfangsraum im ersten Stock des neuen Fidscha-Wasserversorgungsamtes unweit des Bahnhofs mit bemalten Holzpaneelen aus dem Jahr 1797 dekoriert.

Im Zuge der Auflösung des einstigen Osmanischen Reiches nach dem 1. Weltkrieg wurde Syrien an Frankreich „übergeben“. Beschönigend bezeichnete man die französische Herrschaft über Syrien als Mandatsregierung, die nur vorübergehend ihres Amtes walten sollte, um dem Volk dabei zu helfen, sich zu entwickeln und auf die Unabhängigkeit vorzubereiten. Doch die Syrer setzten den Franzosen heftigen Widerstand entgegen. Ein erbitterter Aufstand gegen ihre Herrschaft brach 1925 im Kerngebiet der Drusen in Südsyrien aus und dehnte sich bis nach Damaskus aus. Im Oktober desselben Jahres wurde der Azempalast von Aufständischen in Brand gesetzt und geplündert, und es gärte in der ganzen Stadt. Die französischen Behörden wurden aufgeschreckt, und in dem Versuch, die Aufständischen zu unterwerfen, griffen sie die Altstadt mit Panzern und Granaten an. Die Kämpfe dauerten drei Tage; am Ende war ein Teil des alten Damaskus völlig zerstört. Er wurde in einem hässlichen, modernen Stil wieder aufgebaut und heißt heute Hariqa, Feuer. Für die Altstadt kam dies einem wei-

Links: Nazim Paschas neuer Palast wurde in europäischem Stil erbaut. Hier besuchte ihn Gertrude Bell im Jahr 1905.

Gegenüberliegende Seite: Der Mardscha-Platz im frühen 20. Jahrhundert. Die 1905 errichtete Säule erinnert an die Einweihung der Telegrafenverbindung zwischen Istanbul, Damaskus und Mekka.

teren Todesstoß gleich. In diesen drei Schreckenstagen wurden 135 Menschen getötet und 1250 alte Häuser zerstört, darunter auch Bait Murad Quwatli, wohl eines der am üppigsten dekorierten und schönsten Häuser von Damaskus (nicht zu verwechseln mit dem Bait Quwatli, in dem sich eine Zeit lang das britische Konsulat befand).

Eine französische Augenzeugin, Alice Poulleau, beschreibt lebthaft den dramatischen Anblick: „Zwischen Hamidiye und der Geraden Straße liegt ein Gebiet des Schreckens, in dem nichts mehr steht und in dem an gewissen Stellen, an denen die Menschen unter dem Geröll ihrer Häuser begraben liegen, ein Ekel erregender Geruch in der Luft hängt. Überall sind die armen herrlichen Bäume, die in den Innenhöfen wuchsen, zersplittert und verbrannt. In den qualmenden Höfen plündern die Beduinen … Elektrokabel liegen überall herum und die geborstenen Leitungen überfluten die toten Straßen … An der schlimmsten Stelle, bei der Geraden Straße, sieht es aus, als sei ein Vulkan ausgebrochen, und immer noch qualmt es."

Die ausländischen Konsuln protestierten gegen die Brutalität, mit der der Aufstand niedergeschlagen wird, aber 1926, kaum sechs Monate danach, erheben sich die Rebellen abermals, und Frankreich beschießt das Midanviertel. „Ich frage mich, was von Midan noch übrig sein kann. Heute haben sie eine Moschee in Brand gesteckt … und zahlreiche Häuser um sie herum. Fast alles wurde geplündert; die Bewohner des Viertels sind geflohen."

Nach dem Aufstand errichteten die Franzosen mit dem Geld, das sie von den Bewohnern von Damaskus als „Strafe" erhoben, einen Stacheldraht um die Altstadt und verbreiterten die umliegenden Straßen zu den heute noch bestehenden Boulevards, um Damaskus von der Oase Ghuta, wohin sich die Rebellen zurückgezogen hatten, und den Vororten zu isolieren. Alice Poulleau beobachtete diese Vorkommnisse und warnte: „Damaskus, wenn du nichts tust, dann sieht dein altes Damaskus in zehn Jahren aus wie Lavallois-Perret" – ein hässlicher Industrievorort von Paris.

1936 und noch einmal 1968 wurde, obwohl die Franzosen da längst nicht mehr im Land waren, der Architekt und Städteplaner Michel Écochard gebeten, Pläne für das neue Damaskus zu entwerfen. Dem französischen Schriftsteller Gérard Degeorge zufolge, der ein leidenschaftlicher Liebhaber des alten Damaskus ist, zeigte Écochard nicht sonderlich viel Verständnis für all jene, die die Altstadt als Ganzes erhalten wollten: „Sie berücksichtigen nicht, dass jeden Tag Häuser zerfallen und sich im Regen auflösen und dass es sehr viel kostspieliger wäre, das Äußere zu erhalten als schlicht

Links: Fahrkartenschalter für die 1., 2. und 3. Klasse im Hidschaz-Bahnhof.

Links unten: Detail der Fassade des Hidschaz-Bahnhofs.

Rechts unten: Eine frühe Aufnahme des von Fernando de Aranda entworfenen Hidschaz-Bahnhofs.

Gegenüberliegende Seite: Holzpaneele eines alten Damaszener Hauses, mit denen in den 30er-Jahren des 20. Jahrhunderts die Wände eines kleinen Zimmers im Bait Araqtandschi ausgekleidet wurden.

ein neues Haus mit modernen Materialien zu bauen." Nach Écochards Plan wurden die alten Suks, die dicht an der Zitadelle und den Stadtmauern kleben, beseitigt, und der Neuaufbau begann in Midan und im Suk Sarudscha sowie in der Altstadt selbst, wo zahlreiche herrliche Häuser neuen Schulgebäuden, Straßenerweiterungsprojekten und der so genannten „Verbesserung" der Denkmäler geopfert wurden. Ein öffentlicher Aufschrei verhinderte die Fortführung dieses Modernisierungsplans. Stattdessen wurde 1972 ein Gesetz verabschiedet, das jegliche Zerstörung und Umbaumaßnahme innerhalb der alten Stadtmauern untersagte. 1979 wurde die Altstadt von Damaskus von der UNESCO zum Weltkulturerbe ernannt. Suk Sarudscha ist inzwischen zur Hälfte ausgebaut; glücklicherweise blieb die malerische enge Straße mit den beiden „Rucksack-Hotels" Haramain und Rabi', beide in kleinen Hofhäusern, unangetastet. In Midan geht die Stadtentwicklung weiter, und im Zuqaq al-Sakhr-Bezirk werden hübsche Häuser einem neuen großen Hotel geopfert. Glücklicherweise blieb Qanawat mehr oder weniger intakt, auch wenn es sich in einem erbarmungswürdigen Zustand befindet.

Trotz der neuen Regelungen wurde in den 1980er-Jahren eine Straße durch die Altstadt gebaut: an der Zitadelle vorbei zur Omaijaden-Moschee. Das Gelände im Umfeld der Moschee mit den dicht gedrängten Suks wurde saniert und die Moschee selbst restauriert. Viele Häuser gingen bei diesem Prozess verloren und weitere verschwanden, als die Iraner eine elegante neue Moschee über dem Grab von Ruquayya, der Urenkelin des Propheten Mohammed, errichteten. Als man die Straße zur Großen Moschee aushob, wurden die dadurch freigelegten Fassaden mit „Mameluckenstreifen" bemalt und die neuen Geschäfte mit unsoliden hölzernen Vordächern in einer Art „orientalischem" Stil dekoriert, um sie noch malerischer aussehen zu lassen. Ein syrischer Schriftsteller fasste die Empfindung vieler Menschen in Worte: „Wir *haben* eine echte alte arabische Stadt, wir brauchen keine Disneyworld-Version. Wir müssen uns nur um die kümmern, die wir haben."

(Fortsetzung Seite 209)

Fenster

Gegenüberliegende Seite: Holzläden mit geometrischen Ornamenten im Historischen Museum.

Links: Die Holzschnitzereien an den Fenstern im Bait Barudi sind genau auf die Malereien über den Fenstern abgestimmt.

Unten: Schlanke Säulen und kunstvolle Holzschnitzereien zieren eine Fensterfront im Bait Lisbona.

Traditionelle Fenster in Damaszener Häusern waren schlichte, leicht gewölbte Öffnungen in den schwarz-weiß gestreiften Wänden der Innenhöfe, die nur an den Stürzen gelegentlich mit farbigem Pastendekor verziert waren. Auch die eisernen Schutzgitter zeichneten sich durch Schlichtheit aus. Erst im 19. Jahrhundert kamen unter europäischem Einfluss größere, reicher verzierte Fenster mit üppigen Holzschnitzereien in Mode. Die Schutzgitter wurden immer fantasievoller und waren manchmal sogar integraler Teil der Fenster. Zunehmende Verbreitung fanden Fenster auch an den Außenwänden der Häuser.

Blick in ein außergewöhnliches Zimmer in Bait Barudi, in welchem die Wände durchweg in geschnitzten Nischen auslaufen, über denen jeweils ovale Fenster angebracht sind.

Oben: Abd al-Qadirs Haus unterscheidet sich durch seine in nordafrikanischem Stil entworfenen Fenster von allen anderen Häusern.

Gegenüberliegende Seite: Dank raumhoher Fenster in französischem Stil und einer großen Tür dringt das Licht im Bait Mardam Bey ungehindert ins Wohnzimmer.

Türen

Gegenüberliegende Seite: Zum Empfangsraum führende Holztür im Bait Mudschallid mit geometrischen Mustern und Perlmuttmarketerie.

Links: Schranktüren im Bait Quwatli (a), bemalt mit Landschaftsbildern und Arabesken.

Ein Haus in Damaskus kann unterschiedliche Arten von Türen aufweisen: Die Eingangstür war in der Regel sehr schlicht und aus dickem, mit Eisennägeln beschlagenem Holz gefertigt. In diese Türen waren oft kleinere Türen eingebaut, durch die das Haus leichter betreten und verlassen werden konnte. Die Türen im Inneren des Hauses wiesen eine durchweg aufwändigere Gestaltung auf. Sie waren mit Perlmuttmarketerie ausgestattet oder setzten sich aus einzelnen geometrischen Holzteilen zusammen. Schranktüren waren bemalt und vergoldet. Wie die Fenster wurden auch die Türen und Türrahmen im 19. Jahrhundert zunehmend üppiger dekoriert.

Oben: Geometrisch strukturierte Holzflächen an einem Fensterladen im kürzlich restaurierten Bait Sibai.

Gegenüberliegende Seite: Türumrahmung mit Rokokoschnitzereien und Pastendekor im Bait Nizam.

Überaus kunstvoll gearbeiteter Eingang mit verschiedensten Marmor- und Steinornamenten im Innenhof vom Bait Tibi.

Gegenüberliegende Seite: Der Iwan im Bait Mardam Bey, einem der wenigen Häuser, das noch von den Nachfahren des Erbauers bewohnt wird. Die gegenwärtige Ausschmückung verdankt es dem unten abgebildeten Ehepaar: Ahmad Mukhtar Mardam Bey (1865–1911) und seiner Gattin Fatima, einer hoch angesehenen, gebildeten Frau, der Tochter des Mufti von Damaskus. Zu ihren Nachfahren zählen drei bekannte Dichter, von denen einer, Khalil, die syrische Nationalhymne schrieb.

Doch in der Altstadt wohnen heute nicht mehr die Mächtigen und Einflussreichen, die sich für ihren Erhalt einsetzen könnten. Nur eine der großen alten Familien hat hier noch ihr Haus: die Mardam Beys, deren Haus – in der Mitte des 19. Jahrhunderts von einem ihrer Vorfahren, einem der mächtigen „Notabeln", Osman Mardam Bey, gegründet – zwischen dem Suk al-Hammdiyya und Hariqa liegt. Ihr öffentlicher Gästehof, der Salamlik, wurde beim Bombardement der Stadt durch die Franzosen beschädigt – die schönen Überreste kann man im Nationalmuseum besichtigen –, die Familie wohnt heute im attraktiven Haramlik-Innenhof.

Das moderne Damaskus zählt heute rund vier Millionen Einwohner. Die Altstadt ist nur noch ein Bruchstück des riesigen Konglomerats, das in den letzten fünfzig Jahren aus dem Boden gewachsen ist, aber sie ist das Herz und die Seele des Ortes – einzigartig, unverfälscht und immer wieder aufs Neue faszinierend. Die Altstadt ist es, die Damaskus so unverwechselbar macht und durch die sich Damaskus von den Betonstädten, wie man sie heute überall auf der Welt findet, unterscheidet. Und es ist die Altstadt mit ihren Brotbacköfen, Barbieren, Hammams und Hofhäusern, um derentwillen die Besucher kommen.

„Damaskus ist nicht außergewöhnlich reich an öffentlichen Gebäuden", so Stefan Weber, „aber es ist eine Fundgrube an herrlichen Häusern." Marwan Musselmani, ein syrischer Fotograf, veröffentlichte 1983 ein hervorragendes Buch mit Schwarzweißfotos der schönsten Häuser von Damaskus. Er ist skeptisch, was die Zukunft betrifft – einige Häuser werden gerettet werden, so meint er, der Großteil der Altstadt aber wird der Sanierung zum Opfer fallen. Daher hält er sein Buch für die bedeutendste Tat seines Lebens. „Wenigstens habe ich die Paläste der Altstadt festgehalten, ehe sie alle verschwinden", meint er. Etwa acht Häuser, die er fotografiert hat, sind inzwischen aus dem Stadtbild verschwunden,

Gegenüberliegende Seite: Der große Empfangsraum im Bait Tibi bedarf dringend der Restaurierung.

Unten: Der Iwan im Bait Tibi fällt durch seine elegante Deckenbemalung und die herrliche Steinmetzarbeit auf.

andere, wie das kostbare Bait Tibi, befinden sich in einem gefährdeten Zustand, und die malerischen Häuser des alten Sattler-Suk (Suk Sarudschiyya) am Flussufer sehen aus, als könnten sie jederzeit ins Wasser stürzen.

Das alte Damaskus steht vor seiner größten Existenzbedrohung seit Tausenden von Jahren – nicht durch Krieg oder Erdbeben, sondern einfach durch Missachtung und Gleichgültigkeit.

Unten: Die Häuser und Khans im Sattler-Suk (Suk Sarudschiyya) am Fluss im Abendlicht.

Rechts: Zeichnung der malerischen Brücke über den Sattler-Suk aus dem 19. Jahrhundert.

Schlusswort

Gegenüberliegende Seite:
Dachgesims im Bait Niyadu mit einer gewellten Umrandung aus Holzstäben.

Übernächste Seite:
Geschwungener Dachrand am Haus der Spanischen Krone mit gestanzten Zinkblechen zum Schutz der darunter liegenden Holzstäbe.

Am Ende des Tunnels entdeckt man einen Lichtstrahl. In den 1990er-Jahren öffneten in alten Innenhofhäusern mehrere Restaurants ihre Pforten – meistens im christlichen Viertel, wo man Alkohol trinken darf. Als die Eröffnung des ersten Lokals angekündigt wurde, hatte man für diese Idee nur Spott übrig – „Wer um alles in der Welt will jemals am Abend bis in die Altstadt gehen?“, hieß es, doch die Restaurants waren ein durchschlagender Erfolg.

Ein zweiter Hoffnungsschimmer ist die Tatsache, dass in den letzten Jahren einige wenige mutige Menschen eine Bewegung zurück in die Stadt eingeleitet haben: Sheikha Hussah al-Sabah von Kuwait, der sich während des Golfkriegs in Damaskus aufhielt und sich dafür bedanken wollte, indem er etwas zur Unterstützung der Altstadt tat, kaufte dort drei Häusr, die gegenwärtig restauriert werden (Araber dürfen Besitz in Syrien erwerben; Ausländer benötigen eine besondere Genehmigung). Dann erwarb Nora Jumblatt, die Frau des Drusenführer im Libanon, die selbst Damaszenerin ist, das Bait Mudschallid, eines der prächtigsten Häuser in der Altstadt. Bis 1938 gehörte Bait Mudschallid der Familie Dschabri, Said Agha Jabri, ein syrischer Steuereintreiber im Dienste der osmanischen Regierung, hatte das Haus zwischen 1840 und 1877 wieder aufgebaut und restauriert. Er muss viel Geld verdient haben, denn er versprach seiner Frau, er werde den Boden der Qa'a mit Gold pflastern – doch die religiöse Obrigkeit untersagte eine solche Maßnahme aus gutem Grund. Ein anderer Zweig der Familie besitzt heute noch Bait Dschabri, ein gleichermaßen schönes, wenn auch ganz andersartiges Haus, das einige Jahre vorher, 1744, mit feinen Steinverputzarbeiten ausgeschmückt wurde.

Hikmat Schatta, ein Architekt, kaufte zusammen mit seinem Bruder ein bezauberndes Haus, das am Anfang des 20. Jahrhunderts von Maryam Adschami bewohnt wurde, einer Dichterin und Freundin der Intellektuellen ihrer Zeit, für die sie regelmäßig dort einen literarischen Salon abhielt. Ali Atassi, der Sohn eines ehemaligen syrischen Präsidenten, kaufte ein kleines Haus hinter der Großen Moschee, und viele andere sind daran interessiert, das eine oder andere Gebäude zur eigenen Nutzung zu erwerben. Um dieselbe Zeit mietete – wie bereits erwähnt – die dänische Regierung das Bait al-Appad, einen prachtvollen Palast im Woll-Suk unweit der Geraden Straße und lässt es derzeit zusammen mit dem Syrischen Amt für Denkmäler des Altertums restaurieren. Hier wird das von Peter Mortensen, einem Archäologen und Museumskurator, geleitete Dänische Institut in Damaskus untergebracht werden.

Damit noch mehr Menschen Lust darauf verspüren, sich diesen Wegbereitern anzuschließen, muss die Infrastruktur der Stadt verbessert werden, die das Leben in der Altstadt bequemer machen soll. Dies ist in anderen historischen Städten bereits geschehen – von Fez bis Wien, von Tunis bis Aix-en-Provence. Geld sollte dabei kein Problem darstellen; Mittel für ein Projekt zur Wiederbelebung und Wiederbesiedlung von Alt-Damaskus dürften sich finden lassen. Was Not tut, das sind Wille und Entschlossenheit zur Durchführung dieser Maßnahmen: Es gilt, einen behutsamen Generalplan zu erstellen, Anreize zu schaffen, damit Geschäftsleute oder Botschaften alte Häuser übernehmen und restaurieren, Kreditpläne für Verbesserungsarbeiten an den Häusern auszuarbeiten, Parkmöglichkeiten und Verkehrsbedingungen zu schaffen, um den Bewohnern einen bequemeren Zugang zu ihren Häusern zu ermöglichen, und – fast das Wichtigste – die Restaurierungen qualitativer und mit mehr Geschmack durchzuführen. Es gibt in Damaskus hervorragende Handwerker, sie neigen aber leider dazu, für Restaurierungsarbeiten unangebracht glänzenden Marmor und Glitter zu verwenden. Einige Häuser in der Altstadt wurden bereits in einem derart auffälligen pseudo-orientalischen Stil erneuert, dass es fast besser gewesen wäre, man hätte sie einstürzen lassen.

In Europa haben in den 50er- und 60er-Jahren des 20. Jahrhunderts Städteplaner zahlreiche Innenstädte und alte Viertel wegen einer Begeisterung für alles Moderne – Supermärkte, hohe Parkhäuser und Wolkenkratzer – rücksichtslos zerstört. Heute bereut man das zutiefst, doch die Uhr lässt sich nicht mehr zurückstellen.

Damaskus befindet sich in der vorteilhaften Lage, aus solchen Fehlern lernen zu können; es muss sie nicht erst selbst machen.

Glossar

Um die Lesbarkeit der arabischen Eigennamen zu erleichtern, wurde bei deren Schreibung auf die diakritischen Zeichen verzichtet und möglichst auf eingedeutschte Formen zurückgegriffen.

Agha Militärführer
Adschami Erhöhte Lackarbeit
Alfiyya Legendäre Hausschlange
Ard al-diyar Hof
Aschraf Abkömmlinge des Propheten Mohammed
Ataba Niederer Bereich bzw. Schwelle des Empfangsraums
Bab Tor
Bait Haus
Beduinen Arabische Hirtennomaden in den Steppen und Wüsten Vorderasiens und Nordafrikas
Bey (Beg) (türk. „Herr"), ehem. türk. Titel; Rangstufe zwischen Efendi und Pascha
Daftardar Schatzmeister
Derwisch Mystiker, Mitglied einer religiösen Bruderschaft
Dihliz Eingangshof
Diwan (pers.-türk.) Liegesitz im erhöhten Bereich des Empfangsraums; später auch Bezeichnung für das Sofa
Dragoman (arab. „Fremdenführer, Dolmetscher"), ehem. Bezeichnung für den Mittler zwischen im Nahen Osten amtierenden diplomatischen Vertretern und den lokalen Behörden des Osmanischen Reiches
Druse Angehöriger einer kleinasiatisch-syrischen islamischen Glaubensrichtung aus der Region des Antilibanon, Libanongebirges und in der Umgebung von Damaskus
Emir (Amir) Befehlshaber, Prinz
Emir al-Hadsch Patron der Pilgerfahrt
Hadsch Muslimische Pilgerfahrt
Hakawati Geschichtenerzähler
Hammam Bad, Badehaus
Hara Quartier, bezeichnet heute eine Gasse
Haramlik Familienbereich eines Hauses
Harem (Haram) Privatbereich eines Hauses
Hidschab Halstuch, von Frauen als Schleier getragen
Hidschaz Region auf der arabischen Halbinsel mit Mekka und Medina
Id al-Adha „Opferfest" oder „das große Fest"; muslimisches Fest während des Hadsch
Id al-Fitr „Fest des Fastenbrechens"; muslimisches Fest am Ende des Ramadan
Id al-Kabir „das große Fest"; muslimisches Fest während des Hadsch
Iwan (Liwan) Traditioneller Innen-/Außenraum zum Innenhof hin mit nur drei Wänden
Kadi (Qadi) Richter
Kabbad Zitronenbaumart
Kalif (arab. „Stellvertreter, Nachfolger"); Bezeichnung für den Nachfolger des Propheten
Kajal Arabischer Eyeliner
Kaschasch hamam Taubenliebhaber
Kawass Wärter
Khadamlik Zusätzlicher Hof für Diener und Hausarbeiten
Khan Karawanserei, Hotel-Lager-Handelsplatz für Kaufleute
Mahmal Bezeichnung der prachtvoll geschmückten leeren Sänften, die seit dem 13. Jh. von muslimischen Machthabern zum Hadsch nach Mekka gesandt wurden
Maktab Religionsschule (oder -amt)
Maristan Krankenhaus, Hospiz
Masab Mihrabförmige Nische in einem Privathaus zur Aufbewahrung von Wasserkrügen
Medrese (Madrasa) Koranschule, islamische Leeranstalt
Mihrab Gebetsnische in einer Moschee
Muezzin Mann, der vom Minarett einer Moschee zum Gebet ruft
Muqarnas „Stalaktiten"-Muster in Holz oder Stein
Murabba Wohnzimmer
Narandscha Bitterorangenart
Narghila Wasserpfeife
Pascha (türk. „Exzellenz"), auf Lebenszeit verliehener Ehrentitel an hohe militärische und zivile Würdenträger
Qa'a Empfangsraum
Salamlik Empfangsbereich eines Hauses
Schahada Glaubensbekenntnis an einen Gott und Mohammed als Prophet Gottes
Scheich/Sheikh (arab. „Ältester") Ehrentitel für eine führende Persönlichkeit der islam. Gesellschaft
Schia (arab. „Partei"), Zweig des Islam, der Ali als Mohammds rechtmäßigen Nachfolger anerkennt (von Schiat Ali, Partei Alis)
Simis Hölzernes Gesims um das Dach des Innenhofs
Sufi Muslimischer Mystiker
Suk (Souk) (arab.) Basar, Markt
Sultan Muslimischer Herrscher
Sunduq Truhe
Sunniten Zweig des Islam, der der orthodoxen Überlieferung (Sunna) folgt
Takiyya Muslimisches Hospiz
Tansimat Osmanische Reformen
Tarbusch (arab., türk. „Fes"), früher im Orient weit verbreitete wollene, kegelförmige Mütze mit flachem Deckel und blauer, schwarzer oder goldener Quaste
Tayyara Raum auf dem Dach eines Hauses
Tell (Tal) Hügel, Berg
Tschador (pers.), Schleier; den Kopf, auch Gesicht und Körper verhüllendes Tuch
Ulema (arab.) islamischer Rechts- und Religionsgelehrter
Wali (türk., von arab. wazīr, „Stütze"), Oberster Würdenträger, Ratgeber des Sultans
Waqf System islamischer frommer Stiftungen
Wesir (arab., türk. Vali) höchster Regierungsvertreter (Statthalter, Gouverneur) in einer Provinz des Osmanischen Reiches

Die im Buch angeführten Datumsangaben beziehen sich auf den christlichen Kalender.
Dem islamischen Kalender liegt ein reines Mondjahr zugrunde, eingeteilt in abwechselnd 30- und 29-tägige Monate. Das Gemeinjahr hat 354 Tage, das Schaltjahr 355 Tage. Die islamische Zeitrechnung beginnt mit dem Jahr der Auswanderung Mohammeds von Mekka nach Medina (dem Hadsch; Anno Hegirae, Abk. AH) und entspricht dem 15./16. Juli 622 des christlichen Kalenders (AD).

Umrechnungsformeln für die islamische bzw. christliche Zeitrechnung:
$\text{Jahr AH} \times 0{,}97 + 621{,}6 = \text{Jahr AD}$ (folglich AH 487 = AD 1094)
$\text{Jahr AD} \times 621{,}6 - 0{,}97 = \text{Jahr AH}$ (folglich AD 1549 = AH 956)

Reizender kleiner Innenhof im Bait al-Haffar mit Topfpflanzen.

Erklärung der Karten

Die in diesem Buch abgebildeten Häuser sind auf den Karten auf den Seiten 73 bis 75 eingetragen. Sie zählen zu den bedeutenden Bauwerken der Altstadt, es gibt aber noch zahlreiche andere, denn jedes Haus in Damaskus, ob groß oder klein, hat seinen Innenhof, seinen Brunnen und seinen Empfangsraum.

Von wenigen Ausnahmen abgesehen, befinden sich alle Häuser in Privatbesitz und sind der Öffentlichkeit nicht zugänglich.

Die Häuser in Damaskus tragen die Namen ihrer Besitzer oder ihrer früheren Besitzer, was zu Verwirrungen führen kann. Bait Mudschallid zum Beispiel gehörte der Familie Mudschallid nur relativ kurze Zeit und müsste eigentlich nach der Familie Dschabri benannt werden, die es im 19. Jh. bewohnt und so prunkvoll ausgeschmückt hat, oder nach seiner heutigen Eigentümerin Nora Jumblatt. Aber der Name Mudschallid setzte sich durch.

DAMASKUS WESTLICH DER STADTMAUERN

1. **Nationalmuseum von Damaskus**
Auch unter dem Namen Bait Khalid al-Azem bekannt (Khalid al-Azem war 1962 Präsident von Syrien). Der Öffentlichkeit zugänglich und sehenswert, mit zahlreichen Innenhöfen und einer reizvollen Ausschmückung. War Mitte des 19. Jh. Sitz des preußischen Konsulats.

2. **Bait al-Yusuf**
Einer der größten Paläste der Stadt. Ende des 19. Jh. wurde er von Yusuf Pascha, einer bedeutenden Persönlichkeit von Damaskus, dem letzten Emir al-Hadsch, farbenprächtig dekoriert. Wird heute von mehreren Familien bewohnt.

3. **Bait al-Abd**
Die Familie Abd wohnte ursprünglich in Midan, wo ihre Häuser mit mehreren Innenhöfen immer noch stehen, allerdings heute von vielen Menschen bewohnt werden. Mitte des 19. Jh. baute die Familie dieses Haus im vornehmen Suk Sarudscha-Viertel. Es hat zwei hübsche Innenhöfe, der dritte wurde bei einem Brand zerstört. Ahmad Izzat al-Pascha al-Abd wurde einer der mächtigsten Männer im Osmanischen Reich.

4. **Die Hotels Rabi und Haramain**
Diese „Rucksack"-Hotels liegen in einer Straße, die ihren Reiz trotz der umstehenden modernen Hochhäuser bewahrt hat. Beide Hotels sind in hübschen Hofhäusern mit Brunnen untergebracht.

5. **Bait al-Ibisch**
Dieses große Haus, einst im Besitz der Familie Ibisch, ist ein Restaurant der syrischen Gewerkschaft, ein angenehmer Ort zum Speisen. Erhalten blieb sein traditioneller bemalter Empfangsraum.

6. **Bait Araqtandschi**
Dieses 1933 für Dr. Yusuf Araqtandschi erbaute Haus ist innen üppig ausgeschmückt mit Holzpaneelen, Mauerwerk, Fliesen und Kostbarkeiten aus Häusern der Altstadt. Einige Paneele sind mit 1765 datiert. Jahrelang befand sich hier die spanische Botschaft.

7. **Bait Barudi**
Das Haus gehörte dem bekannten Intellektuellen, Kunstförderer und Philanthropen Fakhri Barudi und war ein Treffpunkt der Damaszener Gesellschaft. Der herrliche, mit Stein gepflasterte Innenhof entspricht der lokalen Tradition, die zahlreichen Fenster in der Fassade aber verraten westlichen Einfluss, und die Wandgemälde im Empfangsraum stellen europäische Städte dar. Im Gebäude, das von der Architekturfakultät der Universität Damaskus restauriert wird, soll künftig ein Zentrum für die Erforschung der Altstadt untergebracht werden.

8. **Bait Qatana**
Schwer zu besuchen, da es in mehrere Häuser aufgeteilt wurde. Eines davon hat einen herrlich bemalten Empfangsraum von 1827. Noch älter sind Nischen und Mauerwerk im Durchgang zum Haus.

9. **Bait Bulad**
Ein Haus mit einem Innenhof und einem attraktiven Empfangsraum mit Holztäfelungen und Malereien, datiert 1818. Teile des Hauses sind möglicherweise noch älter.

10. **al-Mahad al-Musiqi**
Dieses schöne Haus war früher eine Musikschule. In traditionellem Stil erbaut mit einem bemalten Empfangsraum, der heute unzugänglich ist.

11. **Bait Yaghmur**
An der Hauptstraße von Qanawat gelegenes großes Haus mit einer spektakulären Fassade aus braunem Holz und weißem Putz.

12. **Zawiyya Abu Schamat**
Eine kleine Oase in der Stadt mit einem Grabmal und einer Moschee. Die älteren Teile des Gebäudes wie etwa die Pastendekoration stammen wahrscheinlich aus dem 17. Jh., der Komplex wurde aber im 19. Jh. von Scheich Abu Schamat erneuert.

13. **Bait Sayrawan**
Ein besonders hübsches Haus mit einem bezaubernden, mit Stein gepflasterten Innenhof und einer herrlich bemalten Qa'a aus dem 18. Jh. mit einem Muqarnasgesims.

INNERHALB DER STADTMAUERN

1. **Bait Schirazi**
Ein großes, prachtvoll ausgeschmücktes Haus mit drei Sitzbereichen im Hauptempfangsraum sowie prächtigen Decken. Bis zum 20. Jh. war es persisches Konsulat, und Nachfahren der Familie des Konsuls wohnen heute noch hier. Die Steinmetzarbeiten sind mit 1765 datiert, Teile des Hauses sind aber möglicherweise älter. Bait Schirazi hat einen eigenen Hammam und einen „Labyrinth"-Brunnen im Innenhof. Einige Räume an der Straßenseite wurden zu Läden umgebaut.

2. **Bait al-Amir al-Dschazairi**
Abd al-Qadir al-Dschazairi erwarb in Damaskus mehrere Häuser für seine Familie und sein Gefolge. Zwei von ihnen sind in diesem Buch abgebildet. (Der Zugang zu den anderen ist nicht möglich.) Er selbst wohnte in einem klassischen Damaszener Haus mit Dekorationen aus dem 19. Jh. Heute ist es ein Altenheim. Etwas weiter am Fluss liegt ein im nordafrikanischen Stil ausgeschmücktes Haus, in dem heute einer seiner Söhne wohnt. Eine Privatbrücke führt hinter seinem Haus über den Fluss.

3. **Bait Mudschallid**
Gehörte der Familie Dschabri bis in die 1930er-Jahre, als die Familie Mudschallid das Haus erwarb. Said Agha Dschabri ließ das Haus ab 1840 im zierlichen osmanischen Rokokostil neu ausschmücken und den prunkvollen „europäischen" Essraum und die Marmorarkade bauen (oder umbauen). Das Haus wurde 1997 von Nora Jumblatt erworben, die es sorgsam restaurieren ließ.

4. **Azempalast**
Heute Museum für Folklore und Volkskunst von Syrien und damit öffentlich zugänglich. Es wurde 1749/50 von Asad Pascha al-Azem errichtet. Der Palast ist berühmt für seinen großen, schönen Haramlik bzw. Familieninnenhof und seinen Hammam. Bei dem Aufstand von 1925 wurde er beschädigt, danach aber restauriert.

5. **Bait Dschazairi**
Ein hübsches Haus mit einem Innenhof, das Ende des 19. Jh. „modernisiert" wurde. Es war ursprünglich wahrscheinlich eines der Häuser von Abd al-Qadir und wird immer noch von einem entfernten Verwandten aus Algerien bewohnt.

6. **Bait Saqqa Amini**
Ein großes Haus, von dem einige Teile jahrhundertealt sind. Besonders reizvoll ist eine Arkade aus Spitzbögen mit einem merkwürdigen steinernen „Ellbogen"-Motiv auf den Säulen, das man auch sonst, beispielsweise im Bait Dahdah, findet.

7. **Bait Quwatli**
Es gibt bzw. gab vier Bait Quwatli in Damaskus.
Bait Quwatli (a) erscheint auf Josias Porters Karte von 1855 als britisches Konsulat. Es ist ein riesiger Palast mit mehreren Innenhöfen und herrlichen Ausschmückungen in zahlreichen Räumen. Kennzeichen der grandiosen Empfangshalle sind ovale „Bullaugen"-Fenster und die Steinmetzarbeiten von 1802 (das Haus selbst ist allerdings älter). Heute teilen sich das Haus mehrere Familien und ein Zeitungsladen.
Bait Quwatli (b) liegt im Herzen der Stadt; ein großes, aber stark baufälliges Haus.
Bait Quwatli (c) ist ein hübsches Rokokohaus mit bemalten Räumen aus dem 19. Jh. Das Haus selbst dürfte älter sein. Heute gehört es dem syrischen Staat und soll restauriert werden.
Bait Quwatli (d) wurde beim Bombardement der Stadt durch die Franzosen 1925 zerstört.

8. **Bait Dschabri**
Hübscher Palast mit besonders schönem Innenhof und Brunnen. Das Haus ist mit feinem farbigem Pastendekor verziert – an manchen Stellen mit Rokokomustern des 19. Jh. übermalt. Es gehört immer noch der Familie Dschabri, die im Innenhof ein schlichtes Restaurant eröffnet hat.

9. **Bait Adschlani**
Der Innenhof ist inzwischen ein öffentlicher Bereich mit Läden. Steine mit farbigem Pastendekor in den Wänden stammen aus dem 18. Jh. oder noch früher. Der Rest des Hauses wurde in private Wohnungen aufgeteilt.

10. **Bait Nabulsi**
Auch wenn teilweise baufällig, ist dies eines der eindrucksvollsten Häuser von Damaskus. Es hat einen Eingangs- und einen Küchenhof sowie Haramlik- und Salamlikinnenhöfe. Der bemalte und mit 1778 datierte Hauptempfangsraum hat unüblicherweise Fenster mit Blick auf den zweiten Innenhof. Ein Teil des Hauptinnenhofs sowie einige Räume wurden zu einem zweiten Haus abgetrennt, das einen herrlich bemalten Raum von 1780 enthält.

11. **Bait al-Sabah**
Es gibt drei Baits al-Sabah.
Bait al-Sabah (a) und (b) sind hübsche kleine Hofhäuser, die Sheikha Hussah al-Sabah restaurieren ließ, wobei er einen Teil einer äußeren Tempelmauer entdeckte, die zwischen beiden Häuser verläuft.
Bait al-Sabah (c) ist ein größeres Haus, das Sheikha Hussah al-Sabah gegenwärtig restaurieren lässt, mit einem schönen, gepflasterten Innenhof und einem schlichten, steinernen Brunnen. Teile des Hauses wurden im 19. und frühen 20. Jh. „modernisiert", andere Teile stammen aus dem 18. Jh. oder noch früher. Das Haus hat reizvolle Innenbrunnen.

12. **Maktab Anbar**
Dieses Haus mit drei herrlichen Innenhöfen beherbergt die Büros des Komitees zur Erhaltung der Altstadt. Das Haus wurde 1870 von Yusuf Anbar erbaut, als Isabel Burton in Damaskus wohnte. Während der Dienstzeiten kann man Maktab Anbar besichtigen.

13. **Bait al-Azem**
Eines der Häuser, die der Familie Azem gehörten; dieses wurde wegen eines nie realisierten Sanierungsprojekts abgerissen.

14. **Bait Schawi**
Ein Haus in der Geraden Straße, das durch sein ungewöhnliches Erkerfenster mit Holzschnitzereien in Gerstenmuster auffällt. Hinter der Fassade überraschend weitläufig, zum Teil restauriert. Im 19. Jh. war es zeitweise österreichisches Konsulat.

15. **Bait Schatta**
Eines der attraktivsten kleineren Häuser mit einem besonders reizenden Innenhof. Gehörte früher Maryam Adschami, einem Dichter und Schriftsteller. Heutige Besitzer sind der Architekt Hikmar Schatta und sein Bruder.

16. **Haus der Spanischen Krone**
Über der Haustür ist das spanische Wappen eingeschnitzt, denn in der zweiten Hälfte des 19. Jh. war es spanisches Konsulat. Eindrucksvoller Innenhof und zwei Empfangsräume in europäischem Stil: Der eine ist eher „maskulin" geprägt mit 23 muschelförmigen Nischen an den Wänden und großen Gemälden, die von dicken Staubschichten verdeckt sind, der zweite ist mit zarten Gartenansichten bemalt und hat einen reich dekorierten Marmorbrunnen. Die anderen Räume sind eher traditionell. Die Küche hat einen eigenen Innenhof. In diesem Haus wohnten Anfang des 20. Jh. Wulzinger und Watzinger.

17. **Bait Schamiyya**
Früher im Besitz des reichen christlichen Kaufmanns Antun Schami, wurde das Haus bei den Unruhen von

1860 zerstört und 1863 sehr viel prachtvoller in einem eher europäischen Stil wieder aufgebaut. Heute ist es ein Kloster.
18. **Bait Fransa**
Bezauberndes Haus mit zwei Innenhöfen, von denen einer verfallen ist. Sehr hübsch bemalter Empfangs- und Wohnraum.
19. **Medrese Qunaitra (Britisch-Syrische Schule)**
Dieses Haus mit zwei Innenhöfen war eine in der zweiten Hälfte des 19. Jh. von protestantischen Missionaren aus Großbritannien geleitete Schule. Heute ist es eine Schule für Flüchtlinge aus Qunaitra.
20. **Bait Nassan**
Das Haus einer Kaufmannsfamilie, die mit Brokatwebereien handelte. Der Innenhof ist untypischerweise von Säulen umstanden und wurde im 20. Jh. neu angelegt.
21. **Bait Mischaqa**
Das Haus beherbergte gegen Ende des 19. Jh. das Konsulat der USA, es hat Fenster aus dem 18. Jh. und eine alte Küche, wurde aber im 19. Jh. zum Teil umgebaut.
22. **Bait Niyadu (Bait Stambuli)**
Dieses berühmte Haus gehörte Juden, die von Istanbul nach Damaskus gekommen waren – daher der ursprüngliche Name –, und ist heute im Besitz eines schiitischen Scheichs. Es wurde in den 1870er-Jahren von Bonfils fotografiert und ist auf diesen Bildern immer noch erkennbar, auch wenn sich seither das Pflaster und der Brunnen im Innenhof geändert haben.
23. **Bait Lisbona**
Dieses Haus gefiel Isabel Burton in Damaskus am zweitbesten (ihr Lieblingshaus war der Azempalast). Es wurde von einer jüdischen Familie aus Lissabon erbaut, die während der Inquisition erst nach Istanbul geflohen war und dann nach Damaskus zog.
24. **Bait Tuta**
Die Familie Tuta war eine bekannte jüdische Kaufmannsfamilie. Das schöne Haus weist zwei verschiedene Stile auf – eine Seite des Innenhofs mit einem großen Fenster ist im Stil des späten 19. Jh. gehalten mit Empfangsräumen im westlichen Stil, die andere hat einen älteren gestreiften Steiniwan mit traditionellen Räumen.
25. **Bait Farhi**
Anfang des 19. Jh. eines der prächtigsten Häuser in Damaskus; Lady Hester Stanhope und ihr Arzt waren 1812 davon tief beeindruckt. Es hat vier Innenhöfe, ist aber heute in baufälligem Zustand und wird von zahlreichen Familien bewohnt. Sir Frederic Leighton hielt es bei seinem Syrienbesuch 1873 auf seinem Gemälde *Beim Zitronenpflücken* fest.
26. **Bait Dahdah**
Besonders schönes Haus mit einem gewölbten Iwan – ähnlich dem im Bait Farhi – und einem entzückenden Innenhof.
27. **Bait Schamaiyya**
Früher ein prächtiges Haus, das Bonfils in den 1870er-Jahren fotografierte; heute fast eine Ruine, in der zahlreiche Familien wohnen.
28. **Bait Marie Qatasch**
Sehr hübsches, aber leider baufälliges Haus. Bekannt wegen seines Erkerfensters an der Außenfassade.
29. **Bait Nizam**
Prunkvolles Haus mit drei Innenhöfen, das Ali Agha, einer der Persönlichkeiten Mitte des 19. Jh., gehörte. Den bemalten Empfangsraum – in den 1830er-Jahren ausgeschmückt – beschrieben Addison und Porter. Das Haus selbst stammt aus dem 18. Jh. Es befindet sich im Besitz des syrischen Staates, wurde restauriert und kann an Werktagen vormittags besucht werden. Heute wird es zu Empfängen und für Hochzeiten genutzt.
30. **Bait Sibai**
Prächtiges Haus aus dem 18. Jh. mit zwei Innenhöfen, das mit farbigem Pastendekor verziert wurde. Es befindet sich im Besitz des syrischen Staates, wurde restauriert und beherbergt heute Ibischs Jagdtrophäensammlung. An Werktagen kann es vormittags besucht werden. (Im Bait Nizam fragen, wenn niemand die Tür öffnet.)
31. **Bait Qasim**
Diente viele Jahre über als Schule, wurde aber kürzlich als Privathaus restauriert. Schöner Innenbrunnen aus dem 18. Jh., bemalte Decken und hübscher Innenhof.
32. **Bait Tibi**
Architektonisches Kleinod mit einem unüblichen Empfangsraum im ersten Stock, der kostbar bemalt und vergoldet ist, sowie einer schön dekorierten festlichen Qa'a am Innenhof. Im Erdgeschoss zwei prunkvolle Pavillons und die herrlich verzierte Steintür, die den Umschlag dieses Buchs ziert. Inschriften datieren die Dekorationen in die Jahre 1786/87 und 1820.
33. **Bait Kuzbari**
Großes Haus mit zwei Innenhöfen (einer wurde bei einem Brand zerstört). Ende des 19. Jh. umgebaut.
34. **Bait Kabbani**
Früher das Wohnhaus des syrischen Dichters Nizar Kabbani. Kürzlich vom neuen Besitzer modernisiert, behielt aber seinen hübschen Innenhof.
35. **Bait al-Haffar**
Zauberhaftes, kleines Haus mit einem steingepflasterten Innenhof und Brunnen. Reste von farbigem Pastendekor aus dem 18. Jh., im späten 19. Jh. allerdings umgebaut.
36. **Bait al-Aqqad**
Prunkvoller Palast mit einer römischen Mauer, Steinmetzarbeiten aus dem 15. Jh. und Räumen aus dem 18. und 19. Jh. Wird vom syrischen Amt für Denkmäler des Altertums und dem Dänischen Institut restauriert und soll nach Abschluss der Arbeiten das Dänische Institut in Damaskus beherbergen.
37. **Bait al-Istwani**
Zauberhaftes Haus mit farbigem Pastendekor an den Innenhoffassaden, unüblichen Fenstern und einer Arkade. Schön bemalter Empfangsraum. 18. Jh., manche Teile möglicherweise älter. Dient heute als Lager- und Büroraum.
38. **Bait Mardam Bey**
Prächtiges, altes Haus, in dem immer noch Nachfahren des ursprünglichen Besitzers wohnen. Früher hatte es zwei Innenhöfe, doch beim Aufstand 1925 wurde einer beschädigt, Steinmetzarbeiten wurden entfernt und im Nationalmuseum wieder aufgestellt.

Bibliographie

Bücher

ADDISON, CHARLES G. *Damascus and Palmyra: A Journey to the East.* 2 Bde. London, 1838.
AVEZ, RENAUD. *L'Institut Français de Damas au Palais Azem, 1922–1946.* Institut Français des Études Arabes à Damas. Damaskus, 1993.
BELL, GERTRUDE. *The Desert and the Sown.* London, 1907.
BÉRARD, VICTOR. *Le Sultan, l'Islam et les puissances.* Paris, 1907.
BLUNT, WILFRID. *Splendours of Islam.* London, 1976.
BOWRING, JOHN. *Report on the Commercial Statistics of Syria, Palestine and the Holy Land.* London, 1840.
BRODIE, FAWN M. *The Devil Drives: A Life of Sir Richard Burton.* New York, 1967.
BRUHNS, E. MAXINE. *The Nationality Rooms.* Pittsburgh, 1990.
BURNS, ROSS. *Monuments of Syria.* London, 1992.
BURTON, ISABEL. *The Inner Life of Syria, Palestine, and the Holy Land.* London, 1884.
CURTIS, GEORGE W. *The Howadji in Syria.* New York, 1857.
DALRYMPLE, WILLIAM. *From the Holy Mountain: A Journey in the Shadow of Byzantium.* London, 1997.
DEGEORGE, GÉRARD. *Damas, des Ottomans à nos jours.* Paris, 1994.
Damas, des origines aux Mamluks. Paris, 1997.
DOUGHTY, CHARLES M. *Travels in Arabia Deserta.* Cambridge, 1888.
DUDA, D. „Painted and Lacquered Woodwork in Arab Houses of Damascus and Aleppo" in *Lacquer Work in Asia and Beyond,* Hg. William Watson. SOAS, London, 1982.
ESTABLET, COLETTE und PASCUAL, JEAN-PAUL. *Families et fortunes à Damas.* Institut Français des Études Arabes à Damas. Damaskus, 1994.
Ultime voyage pour la Mecque. Institut Français des Études Arabes à Damas. Damaskus, 1998.
FEDDEN, ROBIN. *Syria: An Historical Appreciation.* London, 1955.
FRANKEL, JONATHAN. *The Damascus Affair.* Cambridge, 1997.
GLASS, CHARLES. *Tribes with Flags: A Journey Curtailed.* London, 1990.
GONNELLA, JULIA. *Das Aleppo-Zimmer.* Museum für Islamische Kunst, Mainz, 1996.
GOODWIN, GODFREY. *Islamic Spain.* London, 1990.
GOODWIN, JASON. *Lords of the Horizons.* London, 1998.
GRANT, CHRISTINA P. *The Syrian Desert: Caravans, Travel and Exploration.* London, 1937.
GREEN, JOHN. *A Journey from Aleppo to Damascus.* London, 1736.
HASLIP, JOAN. *Lady Hester Stanhope: A Biography.* London, 1934.
HOURANI, ALBERT. *A History of the Arab Peoples.* London, 1991.
IBN-MUNQIDH, USAMAH. *An Arab-Syrian Gentleman and Warrior in the Period of the Crusades.* London, 1987.
IDILBI, ULFAT. *Sabriya, Damascus Bitter Sweet.* Übersetzt von Peter Clark. London, 1995.
JESSUP, HENRY. *Fifty-Three Years in Syria.* New York, 1856.
KALTER, JOHANNES u. a. *The Art and Crafts of Syria.* Collection Antoine Touma and Lindenmuseum, Stuttgart. London, 1992.
KELMAN, JOHN. *From Damascus to Palmyra.* London, 1908.
KINGLAKE, ALEX. *Eothen.* London, 1844.
LABEYRIE, IRÈNE. „Quartiers et paysages" in *Damas, miroir brisé d'un Orient arabe,* Hg. Anne-Marie Bianquis. Paris, 1993.
LAMARTINE, ALPHONSE DE. *Souvenirs, impressions, pensées et paysages pendant un voyage en Orient, 1832–1833.* Paris, 1856.
LANE-POOLE, STANLEY. *The Mohammedan Dynasties.* London, 1894.
LAWRENCE, T. E. *Seven Pillars of Wisdom.* London, 1935.
LE STRANGE, Guy, *Palestine under the Moslems.* London, 1890.
LORTET, L.-C. *La Syrie d'aujourd'hui.* Paris, 1884.
LOVELL, MARY S. *A Scandalous Life: The Biography of Jane Digby el Mezrab.* London, 1995.
A Rage to Live: A Biography of Richard and Isabel Burton. London, 1998.
MAALOUF, AMIN. *The Crusades through Arab Eyes.* London, 1984.
MAITLAND-KIRWAN, J. D. *Sunrise in Syria: A Short History of the British Syria Mission.* London, 1930.
MAUNDRELL, HENRY. *A Journey from Aleppo to Jerusalem at Easter, AD 1697.* Oxford, 1703.
MAURY, BERNARD. „La Maison damascène au XVIIIe siècle et au début du XIXe siècle" in *L'Habitat traditionnel dans les pays musulmans autour de la Méditéranée.* Aix-en-Provence, 1988.
MISHAQA, MIKHAYIL. *Murder, Mayhem, Pillage, and*

Plunder: The History of the Libanon in the 18th and 19th Centuries. Translated by W. M. Thackston, Jr. New York, 1988.
MITCHELL, CRAWFORD. The *Syria-Lebanon Classroom in the Cathedral of Learning.* Pittsburgh, 1943.
MORTON, H.V. *In the Steps of St. Paul.* London, 1937.
MOSS, ROBERT TEWDWR. *Cleopatra's Wedding Present: Travels through Syria.* London, 1997.
MUSSELMANI, MARWAN. *Damascene Homes.* Damaskus, 1983.
PECK, AMELIA, u. a. *Period Rooms in the Metropolitan Museum of Art.* New York, 1996.
PEÑA, IGNACIO. *The Christian Art of Byzantine Syria.* Reading, 1997.
PETRAN, TABITHA. *Syria.* London, 1972.
PORTER, JOSIAS L. *Five Years in Damascus.* London, 1855.
POULLEAU, ALICE. *À Damas sous les bombes. Journal d'une Française pendant la révolte syrienne.* Yvetot, 1925.
RAFEQ, ABDUL-KARIM. *The Province of Damascus 1723–1783.* Beirut, 1970.
ROBINE, GÉRARD. *Palais el demeures de Damas au XVIII.* Damaskus, 1990.
ROUJON, YVES, u. a. *Le Midan: Actualité d'un faubourg ancien de Damas.* Damaskus, 1997.
SACK, DOROTHÉE. *Damaskus – Entwicklung und Struktur einer orientalisch-islamischen Stadt.* Mainz, 1989.
SAUVAGET, JEAN. *Les Monuments historiques de Damas.* Beirut, 1932.
SCHATKOWSKI SCHILCHER, LINDA. *Families in Politics: Damascene Factions and Estates of the 18th and 19th Centuries.* Stuttgart, 1985.
SEABROOK, WILLIAM. *Adventures in Arabia.* London, 1928.
STEWART, FREDERICK, VISCOUNT CASTLE-REAGH. *A Journey to Damascus.* 2 Bde. London, 1847.
TERGEMAN, SIHAM. *Daughter of Damascus.* Englische Ausgabe und Übersetzung von Andrea Rugh. Austin, Texas, 1994.
THUBRON, COLIN. *Mirror to Damascus.* London, 1967.
TUĞLACI, PARS. *The Role of the Balian Family in Ottoman Architecture.* Istanbul, 1990.
TWAIN, MARK. *Die Arglosen im Ausland.* München, 1985.
UNESCO. *L'Architecture libanaise du XV au XIX.* Beirut, 1985.
WARNER, CHARLES D. *In the Levant.* Boston, 1886.
WEBER, STEFAN. „Ottoman Damascus of the 19th Century: Artistic and Urban Development as an Expression of Changing Times" in *Art Turc/Turkish Art* (10th International Congress of Turkish Art, 17–23 September 1995). Genf, 1999.
WILSON, CHARLES W., Hg. *Picturesque Palestine.* 4 Bde. London, 1880.
WULZINGER, KARL und WATZINGER, CARL. *Damaskus: Die islamische Stadt.* Berlin and Leipzig, 1924.

Reiseführer

BEATTIE, ANDREW und PEPPER, TIMOTHY. *Syria: The Rough Guide.* London, 1998.
CHAUVET, A. D. und ISAMBERT, É. *Itinéraire descriptif historique et archéologique de l'Orient.* Bd. 3: *Orient, Syrie, Palestine* (Librairie Hachette-Führer). Paris, 1890.
GRIMES, CLAIRE E. *A Guide to Damascus.* Syrien, 1997.
LONELY PLANET. *Syria.* London, 1999.
MACMILLAN & Co. *Guide to Palestine and Syria.* 3. Aufl. London, 1905.
[PORTER, JOSIAS L.] *A Handbook for Travellers in Syria and Palestine* (Murray's *Handbook).* 2 Bde. London, 1858.

Zeitschriften- und Magazinaufsätze

ABU AL FARAJ AL 'USH. „Al Dar al Athariyya Al Khasa fi Dirnashq." *Annales Archéologiques de Syrie* III, 8/9 (1953).
DEGEORGE, GÉRARD. „Sight of All Ages -The Umayyad Mosque." *FMR* Nr. 58 [englische Ausgabe] (Oktober, 1992).
„Le mille e una dimora – Le case di Damasco." *FMR* Nr. 97 (April, 1993).
DE MAUSSION DE FAVIÈRES, JACQUES. „Note sur les bains de Damas." *Bulletin d'Études* XVII (1961–62).
ÉCOCHARD, MICHEL. „Le Palais Azem de Damas." *Gazette des Beaux-Arts* (April 1935).
ELISSÈEFF, NIKITA. „Les Monuments de Nur ad-Din." *Bulletin d'Études* XIII (1949–50).
GASCÒN, EUGENIO GARCIA. „El arquitecto español Fernando de Aranda (1878–1969) en Damasco." *Awraq. Estudios sobre el Mundo Arabe e islámico contemporáneo* IX (1988).
„LES ARTS EN *SYRIE.' L'Oeil* 337 (August 1983). (Das ganze Heft ist Artikeln über Syrien gewidmet).
MARKOE, GLEN. „Asian Art in the Cincinnati Art Museum." *Arts of Asia* (März-April, 1993).
PHILIPP, T. „The Farhi Family and the Changing Position of the Jews in Syria 1750-1860" *Middle East Studies* 20, Nr. 4 (Oktober 1984).
ROUANET, ANNE, und PIPONNIER, DENIS. „Étude iconographique et technique d'un ensemble décoratif: la maison Nizam à Damas." *Bulletin des Études orientales* 37–38 (1985–86).
SOURDEL-THOMINE, J. „Les Anciens Lieux de pelerinage damascains d'après les sources arabes." *Bulletin d'Études* XIV (1952–54).
WEBER, STEFAN. „The Creation of Ottoman Damascus. Architecture and Urban Development of Damascus in the 16th and 17th Centuries." *ARAM* 10 (1998).

Bildnachweis

Sämtliche Fotos stammen, wenn nicht anders vermerkt, von Tim Beddow.

Entwurf des Vor- und Nachsatzpapiers mit einem Muster blau-weißer Fliesen aus der Tayruzi-Moschee nach einem Foto von Stefan Weber.

Die folgenden Hinweise (auf die Seitenzahlen) geben die Bildquelle an und bringen auch einige zusätzliche, nicht in den Bildlegenden enthaltene Angaben. Verfasser und Herausgeber möchten an dieser Stelle ihren Dank auch den im Folgenden genannten Personen und Institutionen aussprechen.

14–15 Niederländ. Stich, mit freundl. Genehmigung von Prof. Akili; **15 (oben)** mit freundl. Genehmigung von Antoine Touma; **16–17** (oben und unten) mit freundl. Genehmigung von Antoine Touma; **20–21** und **23** mit freundl. Genehmigung von Prof. Akili; **34** Foto von Bonfils, mit freundl. Genehmigung des Harvard Semitic Museum Photographic Archives, Fine Arts Library, Harvard University; **36–37** aus: Girault de Prangey, *Monuments arabes et moresques,* um 1832; **40** mit freundl. Genehmigung des Harvard Semitic Museum Photographic Archives, Fine Arts Library, Harvard University; **42** mit freundl. Genehmigung von Prof. Akili; **49** mit freundl. Genehmigung von Stefan Weber; **60** mit freundl. Genehmigung von Prof. Akili; **61 (unten)** aus: Karl Wulzinger und Carl Watzinger, *Damaskus: Die islamische Stadt,* 1924; **64** mit freundl. Genehmigung von Prof. Akili; **66–67** mit freundl. Genehmigung des Institut Français d'Études Arabes de Damas; **69** Foto des Autors; **70** mit freundl. Genehmigung des Imperial War Museums, London; **70** mit freundl. Genehmigung der Trustees of the Liddell Hart Centre for Military Archives, King's College, London; **73–75** Kartenzeichnung von Ross Burns; **81** mit freundl. Genehmigung von Mary S. Lovell; **86 (oben)** mit freundl. Genehmigung des Institut Français d'Études Arabes de Damas; **86 (unten)** mit freundl. Genehmigung von Prof. Akili; **91 (unten)** mit freundl. Genehmigung von Na'im Zabita; **95** mit freundl. Genehmigung von Michael F. Price und der Royal Academy of Arts, London; **96 (unten)** mit freundl. Genehmigung des Harvard Semitic Museum Photographic Archives, Fine Arts Library, Harvard University; **101** mit freundl. Genehmigung von Peder Mortensen und dem Dänischen Institut, Damaskus; **108 (alle)** mit freundl. Genehmigung von Na'im Zabita; **135** mit freundl. Genehmigung des Cincinnati Art Museum; **154** mit freundl. Genehmigung von Prof. Akili; **157** mit freundl. Genehmigung von Dr. Sabah Kabbani; **158 (unten links)** mit freundl. Genehmigung von Marwan Musselmani; **163** mit freundl. Genehmigung von Mary S. Lovell; **165** mit freundl. Genehmigung von Na'im Zabita; **169** mit freundl. Genehmigung des Tareq Rajab Museum, Kuweit; **170** mit freundl. Genehmigung des Harvard Semitic Museum Photographic Archives, Fine Arts Library, Harvard University; **172** mit freundl. Genehmigung von Mary S. Lovell; **176** Foto von Bonfils, mit freundl. Genehmigung des Harvard Semitic Museum Photographic Archives, Fine Arts Library, Harvard University; **182 (oben)** aus: Josias L. Porter, *Five Years in Damascus,* 1855; **182 (unten), 183** und **184 (oben links)** mit freundl. Genehmigung des Harvard Semitic Museum Photographic Archives, Fine Arts Library, Harvard University; **184 (oben rechts)** mit freundl. Genehmigung des Institut Français d'Études Arabes de Damas; **185** mit freundl. Genehmigung von Dr. Sabah Kabbani; **189** mit freundl. Genehmigung von Na'im Zabita; **192, 193** und **194 (unten rechts)** mit freundl. Genehmigung von Prof. Akili; **209 (links** und **rechts)** mit freundl. Genehmigung von Hassana Mardam Bey und ihrer Familie, **212–213** mit freundl. Genehmigung von Prof. Akili.

Register

Kursive Zahlen verweisen auf die Seiten mit den Bildunterschriften zu den Abbildungen.

Personenverzeichnis

Orts- und Sachverzeichnis